Personas Empáticas –Una guía completa para su curación

Autodescubrimiento, estrategias de afrontamiento y técnicas de supervivencia para personas muy sensibles. Lidiando con los efectos de la empatía y como desarrollarlas para mejorar tu vida ¡AHORA!

Por Marcos Romero

Tabla de Contenidos

Tabla de contenidos

Introducción
Capítulo 1: ¿Qué es un Empático?
  ¿Sientes empatía o eres un empático?
  ¿Qué se siente ser un empático?
  Los rasgos más comunes de los empáticos
  Empáticos nacidos vs. Empáticos aprendidos
  ¿Eres un empático? PRUEBA
Capítulo 2: La paz mental del empático y lo que la impide
  Problemas comunes de una persona empática
  El narcisista y el empático
  ¿Qué son los "vampiros de la energía"?
  Las desventajas de ser un empático poderoso
Capítulo 3: El regalo de ser un empático
  Los beneficios de ser empático
  La conciencia en sí mismo y la conciencia de los demás
  Sanando y ayudando a otros
  Posibles profesiones que le ayudarán a prosperar en la vida como un empático
Capítulo 4: Herramientas de sanación y equilibrio para los empáticos
  ¿Qué son las herramientas de sanación espiritual y cómo usarlas?
  Limpieza de energía para ti mismo y los demás
  Prácticas de Concienciación y Atención Plena
  Pasos para una meditación de equilibrio y conexión a tierra
Capítulo 5: Cómo evitar que la energía no deseada influya en ti como empático
  Cuando otras personas son negativas: Formas de protegerse
  Conexión a tierra: antes y después
  Comunicar los límites
Capítulo 6: espacio y tiempo de calidad
  ¿Por qué deberías limitar el tiempo con otras personas o grupos?
  Tiempo y espacio para la reflexión y el rejuvenecimiento
  Las relaciones y los empáticos
Capítulo 7: Cómo evitar el agotamiento empático
  Pautas para mantener el equilibrio y la estabilidad
  Aplicaciones para ayudarle en tiempos de estrés o agotamiento
Conclusión

Introducción

Un empático es alguien con la capacidad de sentir lo que otras personas sienten. ¿Alguna vez has estado sentado en una habitación con alguien y, sin palabras, sabías lo que le pasó en el trabajo ese día? ¿Alguna vez has tenido una experiencia en la que te fuiste de una fiesta en casa de un amigo, y te sentiste deprimido y sin valor sin saber por qué? Cuando pasas tiempo con otros, ¿cambia la calidad de tus emociones o pensamientos de manera significativa? ¿Eres capaz de captar las inquietudes, miedos, dudas y preocupaciones de los demás antes que te digan cuáles son?

Si respondiste sí a estas preguntas, entonces es muy probable que seas una persona empática. Mucha gente confunde ser empático con tener empatía; sin embargo, hay una gran diferencia. Para ser un empático, debes aceptar que no solo eres una persona o amigo que siente empatía sino que además estás más abierto a relacionarte con los sentimientos de otra persona al recibir directamente su energía emocional.

Todos somos energía, y nuestro sistema energético siempre está palpitando y pulsando con nuestra forma de pensar, sentir, reaccionar y responder. Los empáticos son personas muy sensibles a la energía de los demás, pero eso no significa que tengan esta misma sensibilidad a nivel emocional. Esto puede sorprender a cualquier empático a quien siempre se le haya dicho que es "demasiado sensible" o "demasiado emocional".

Una persona empática no es nada de eso; ellos simplemente se conectan con los sentimientos de los demás más fácilmente de lo que entienden o se dan cuenta. Si crees que puedes ser un empático, este libro es para ti. Si has pasado tu vida asumiendo las preocupaciones, miedos e inquietudes de los demás en un nivel profundo e intenso, entonces debes leer este libro.

Dentro de estas páginas hay muchas herramientas, trucos y pautas para ayudarte a encontrar un buen equilibrio y mantener tu energía limpia, sin recolectar ni mantener la energía no deseada de los demás. Este libro ofrece explicaciones y entendimiento sobre todo lo que puede resultar problemático para una persona empática, y también cómo esto es un regalo y beneficio para su vida.

A lo largo de estas páginas, encontrarás todos los recursos necesarios para comprender, abrazar y recorrer sanamente el camino de las personas empáticas. Entonces, ¿Qué esperas? ¡Comienza tu viaje hoy!

Capítulo 1: ¿Qué es una persona empática?

A medida que comienzas a descubrir más sobre el mundo de los empáticos, es importante que tengas una comprensión clara de lo que hace que algunas personas sean así. ¿Cómo te conviertes en una persona empática, o naces con este regalo? ¿Qué hace que alguien sea empático o simplemente tenga empatía?

En este capítulo, aprenderás cuáles son los rasgos más comunes de la empatía, cómo se siente y cómo puede verse. Siempre estamos buscando una respuesta a nuestras preguntas, y esta sección te ayudará a comprender cómo identificar si tu eres una persona empática o alguien que conoces lo es.

Mientras lees con la mente abierta, prepárate para encontrar algunas respuestas a las preguntas que has tenido toda tu vida. Podrías descubrir que has sido una persona empática todo este tiempo y simplemente no sabías como definir lo que experimentabas. Una comprensión clara de lo que se siente o cómo se manifiesta en tu vida diaria te ayudará a contar con los conocimientos necesarios para tu reclamar tu inigualable regalo y así vivir en armonía con él a lo largo de tu vida.

¿Tienes empatía o eres empático?

Entonces, ¿cuál es la diferencia? ¿Cómo puedes ser una persona con empatía y no ser empático? ¿No son lo mismo? Hay una gran diferencia entre ambas. Para ser una persona con empatía, todo lo que necesitas es tener la capacidad de comprender los sentimientos de otra persona. Cuando estás con tus amigos, familiares o colegas y comparten algo profundamente emocional, puedes relacionarte con su experiencia de forma empática o simplemente comprender de dónde vienen y compartir tu empatía por sus situaciones.

Un empático sentirá física y emocionalmente la experiencia de la otra persona. Esto difiere bastante del simple entendimiento de las expresiones de emociones que alguien le comunica verbalmente. Una persona empática podrá comprender los sentimientos de otro sintiéndolos también, y esto puede resultar similar a asumirlos como si fueran propios.

Muchas personas son empáticas y no saben cómo manejar su don, llegan a casa al final del día sintiéndose agotadas, con poca energía, tristes o deprimidas, y se muestran incapaces de expresar sus propios sentimientos como verdaderos porque han tomado las emociones de muchos a lo largo del transcurso de la rutina diaria.

Las emociones no deseadas de otras personas pueden ceñirse a la energía del empático debido a lo abiertos y receptivos que son dichas personas a experimentar, sentir y atraer esas energías y sentimientos. Si simplemente tienes empatía, entonces no tendrás el mismo tipo de experiencia que un empático. Puedes sentirte como un buen amigo o compañero de trabajo por tu capacidad para escuchar las experiencias de otros y ofrecerles compasión y empatía, pero no eres empático hasta que percibas y sientas las emociones de otra persona, sin comunicación verbal. Lo distingue al empático de una persona con empatía es un entendimiento energético en un nivel más profundo.

¿Cómo se siente ser empático?

Al comprender la diferencia, ahora puedes saber cómo se siente tener este tipo de experiencias. Para muchos empáticos, no hay manera de determinar cómo están siendo afectados por otros hasta que aprenden cómo trabajar con su don; comenzando por aceptar que son empáticos. Si sabes que eres empático, podrás comprender mejor cómo cuidarte a ti mismo y a los demás, sin afectar tu propio estado emocional en detrimento de tu experiencia de vida.

Al conocer tus habilidades como empático, es posible que ya estés familiarizado con algunos de los efectos secundarios, y si solo estás aprendiendo a identificar tu don, la siguiente lista puede ayudarte a descubrir si has sido un empático todo el tiempo, sin darte cuenta.

Cómo se siente ser empático:

- Sensibilidad a ruidos fuertes, esencias o aromas, luces brillantes y otros estímulos impactantes.

- Dolores de cabeza recurrentes

- Resfriados frecuentes, problemas de sinusitis o "alergias"

- Agotamiento emocional o mental

- Agotamiento o fatiga crónica

- Altibajos emocionales sin razón aparente

- Cuidar a los demás como una forma de vida; eres un nutridor natural

- Depresión, ansiedad, paranoia y miedo sin razón aparente

- Sentir algo antes que suceda

- Sentimientos de incomodidad después de entrar a la casa de alguien, oficina u otros edificios

- Insomnio o dificultad para dormir.

- Indigestión u otras molestias estomacales

- Hipersensibilidad cuando alguien se siente enojado, herido, asustado o deprimido

- Necesidad constante de sentir algo diferente a lo que has adquirido enérgicamente de otros (por ejemplo: alcohol, drogas, dulces, bocadillos, etc.)

- Confusión y desorientación después de estar en grandes multitudes.

- Sentimientos de ansiedad después de estar en grandes multitudes.

- Malestar mental y / o emocional después de pasar "tiempo de calidad" con ciertas personas de tu vida

- Distraerse fácilmente por los sentimientos no deseados de los demás.

- Y la lista continúa, pero ya tienes una idea ...

Muchos de estos síntomas o efectos secundarios parecen problemas físicos o psicológicos comunes que pueden ser tratados por un médico o un terapeuta. Sin embargo, si eres una persona empática, estos efectos son el resultado directo de adquirir la energía emocional de otras personas. Donde quiera que vayas y con todo lo que hagas.

Puede que no te hayas dado cuenta en toda tu vida, pero la razón por la que tienes una enfermedad crónica y nunca puedes dormir es que has tomado y llevado contigo, los sentimientos de muchas personas. Es importante comprender cuán fuerte y poderosa puede ser la energía emocional. Esta lista puede demostrar esa verdad. La energía emocional es tan poderosa que puede causar este tipo de problemas para los empáticos, pero también para la persona que experimenta las emociones.

También hay algunos signos positivos de cómo se siente ser empático, especialmente cuando estás conectado a tierra y equilibrado:

- Elevación y energía

- Determinación
- Alegría por ayudar a otros
- Comprensión profunda más allá de un nivel emocional
- Alto grado de autoconciencia
- Alto grado de conciencia de los demás
- Apertura a nivel Psíquico / Espiritual
- Conexión a todo
- Calidez y felicidad
- Capacidad de comprender más de lo que se ve o dice

Como empático, puedes ir en ambos sentidos, ya sea sintiendo una gran cantidad de los aspectos difíciles y desafiantes de tener este don o experimentando las cualidades energéticas más elevadoras y de alta vibración al ser un portal abierto de amor y comprensión. El desequilibrio en los propios sentimientos y emociones puede ser una fuente de gran trauma en la vida de los empáticos.

Cuando estamos desequilibrados con nosotros mismos, nuestros cuerpos, mentes, y corazones tratan de comunicarse con nosotros y dejarnos saber que algo está mal. Esto es algo poderoso que, especialmente un empático debe saber. Si estás experimentando ciertos efectos secundarios o síntomas, puede ser que tu cuerpo y mente te estén diciendo que has tomado demasiada energía de otra persona y que necesitas eliminarla y volver a estar en equilibrio y armonía con tu propio ser.

Para ayudarte aún más a comprender qué es un empático, veamos algunos de los rasgos más comunes que poseen.

Rasgos más comunes de los empáticos

Para muchos, el empático no es más que un hombre o una mujer común y corriente con una expresión emocional superior o una mejor manera de sentir o "ver" a alguien a través de su don de empatía. Sin embargo, un verdadero empático puede exhibir, incluso, aún mayores dones y habilidades que podrían resultar comunes pero sin duda ellas pertenecen al mundo de los empáticos.

Hay diversos rasgos que solo se manifiestan después que has pasado un tiempo invirtiendo energía en eliminar cualquier bloqueo o congestión de la energía en el sistema y pueden ser muy pronunciados o sutiles. Otros rasgos son bastante notables y comunes para un empático, aunque no estén conectados a tierra y equilibrados. Los rasgos más comunes puedes encontrarlo en la siguiente lista:

- Altamente intuitivo

- A menudo introvertido

- Detecta mentiras o engaños fácilmente

- "Predice" eventos futuros (sintiéndolos)

- Recibe contribuciones de otros en forma de energía (emocional, mental, física , y, a veces, espiritual)

- Capacidad de sentir o "saber" cuando algo está "mal"

- Altamente creativo

- Naturalmente inquisitivo

- Absorbe fácilmente los sentimientos y emociones de los demás

- Protector o cuidador natural

- Indulgente y desinteresado

- Vocación por hacer las cosas mejor o "correctas"

- Tendencia a buscar la justicia

Algunos otros rasgos que también son parte de ser una persona empática bien desarrollada y conectada a tierra y que pueden considerarse no comunes, son:

- Clarividencia: visión clara

- Claricognosciencia: capacidad de saber

- Clarisentencia- sentir claramente

- Clariaudiencia- audición clara

- Clariempatía- claridad en los sentimientos (percibidos en otros y en sí mismo)

- Apertura y habilidad psíquica

Puedes descubrir que posees otros rasgos no mencionados aquí que estarían directamente relacionados con sus habilidades como empático. Tenga en cuenta que se trata solo de una lista de los rasgos más comunes de los empáticos y que son los que más pueden ser experimentados. Si eres empático, eres muy intuitivo y podrás discernir claramente otros elementos de tu propio viaje y experiencia que están vinculados con tu don.

Empáticos de nacimiento versus empáticos aprendidos

Todos tenemos la capacidad y la habilidad para convertirnos en empáticos. Algunas personas están naturalmente inclinadas serlo debido a su carácter innato o cómo fueron criadas. Otros podrían desear convertirse en empáticos y practicar aprender estas habilidades. En todo caso, es posible hacerlo; examinemos cómo estas dos experiencias son diferentes y a la vez que tienen en común.

Un empático de nacimiento probablemente sea una persona cuya entrada en este mundo tenga un propósito específico o una profesión con la que debe alinearse. Una persona que siempre ha sido naturalmente hábil en el arte de la crianza, la curación o el cuidado puede haber sido empático a una edad temprana y ya estaba practicando y perfeccionando esta cualidad sobre sí misma, aunque es poco probable que tenga un nombre para ello.

Si eras un empático mientras crecías, es probable que nunca lo supieras. La mayoría de las personas no son conscientes de su don a una edad temprana, y esto puede causar muchos problemas debido a la falta de comprensión y conocimiento de por qué se les considera más sensibles que otros o por qué tienen dificultades en la escuela o las actividades sociales.

Muchas veces, una persona aprende a convertirse en empático cuando es joven debido a la dinámica familiar. Dependiendo de cómo te criaron, qué tipo de dinámica aprendiste en el hogar o cómo tus padres actuaron o reaccionaron emocionalmente en su relación entre ellos o contigo, podría haberse iniciado tu camino como empático, dándote inconscientemente una razón para ser más perceptivo e intuitivo como un medio para sobrevivir o ser aceptado en su familia o cultura. Entonces, incluso si no hubieras nacido empático, podrías haber desarrollado esta habilidad a temprana edad sin saberlo.

Quienes son empáticos en su vida temprana luchan culturalmente, en la sociedad e incluso en sus propios hogares como adultos, especialmente si sus dones nunca fueron alimentados o identificados, lo que ocasionaría dificultades en uniones románticas, trabajos y otro tipo de relaciones, así como problemas con las drogas, el alcohol u otras adicciones asumidas como una ayuda para aliviar el estrés de ser un empático no identificado. Algunas personas que son empáticas a una edad temprana se desarrollan bien porque sus padres o cuidadores responden a sus habilidades y necesidades ayudándolos a desarrollar sus habilidades de manera positiva.

Los empáticos aprendidos son aquellos que pueden convertirse en empáticos de forma natural, como en el ejemplo anterior mediante las condiciones y modelos de la infancia o a través del estudio y la práctica. Muchas personas tienen el deseo de expandir su habilidad para ser más receptivos o sensibles a las necesidades de otros y buscan aprender cómo abrir su energía para lograr ser capaces de leer las emociones de otros. Esto podría obedecer al deseo de ayudar a otros, de mejorar relaciones o de desempeñar una profesión u ocupación que requiere mucha empatía.

Casi siempre, los verdaderos empáticos son aquellos que de manera innata llevan esta tendencia a través del mundo y tienen un propósito de vida por cumplir o lo han aprendido desde niños a partir de la dinámica familiar. A menudo, los empáticos no descubren su verdadera naturaleza hasta que entran en la adultez y aprenden a examinar más profundamente sus relaciones interpersonales, experiencias culturales y sociales, y la dinámica familiar personal.

Al preguntarte a ti mismo si eres empático o no, recuerda tus primeros años de vida y tu experiencia de crecimiento. ¿Cómo te relacionaste con tu familia y con otros? ¿Todavía te relacionas con ellos de la misma manera? Haz la siguiente prueba para saber si eres o no un empático.

¿Eres empático? Cuestionario

1. ¿A menudo debo estar solo para sentirme en paz?

2. ¿Me abrumo fácilmente en grandes grupos o multitudes?

3. ¿Me han llamado "demasiado emocional ", "demasiado sensible " o "demasiado tímido"?

4. ¿Puedo pasar tiempo con otras personas durante largos períodos de tiempo sin sentir ansiedad o agotamiento?

5. ¿Soy sensible a ruidos fuertes, luces brillantes o estímulos excesivos?

6. ¿Soy sensible a los aromas, perfumes y olores?

7. ¿Las peleas y las discusiones me hacen sentir físicamente enfermo?

8. ¿Me siento agotado por otras personas?

9. ¿Me considero introvertido?

10. ¿Tiendo a utilizar alimentos, drogas o alcohol para hacer frente a las cosas?

11. ¿Con frecuencia estoy ansioso o preocupado?

12. ¿Tengo dificultad para dormir?

13. ¿Necesito mucho tiempo para descansar o recuperarme después de estar cerca de ciertas personas?

14. ¿Prefiero tener una salida fácil si estoy en una fiesta, como traer mi propio automóvil o tener una excusa preparada para cuando quiera salir temprano?

15. ¿Prefiero estar solo en lugar de entablar relaciones emocionalmente exigentes?

16. ¿Estoy más feliz con las conversaciones íntimas, individuales, o con las dinámicas en grupos grandes?

17. ¿Soy sensible a los medicamentos con receta o a los medicamentos de venta libre?

18. ¿Tengo tendencia a enfermarme con frecuencia, con resfriados, alergias o infecciones respiratorias?

19. ¿Hay personas en mi vida que me hacen sentir peor después de hablar con ellos?

20. ¿Hay momentos en los que siento que necesito estar lejos de personas y ciudades para recuperar mi energía?

21. ¿Tengo molestias emocionales con frecuencia?

22. ¿Puedo sentir cuando la energía en la habitación ha cambiado porque alguien entró o salió de ella?

23. ¿Los problemas de otras personas me mantienen despierto por la noche?

24. ¿Me abruman las asignaciones complicadas que requieren multitarea?

25. ¿Me siento exhausto todo el tiempo?

Si respondiste sí a al menos 20 de estas preguntas, entonces eres un empático. Considera cada respuesta y ve con tu instinto. La gente siempre está buscando las respuestas correctas a estas preguntas, pero la respuesta correcta está en cómo encuentras o sigues tu camino como empático. Lo más importante es que si estás leyendo este libro, ya sospechas que eres un empático y que necesitas aprender a desarrollar tu habilidad y tu don.

A lo largo de este libro, aprenderás los problemas de los empáticos, cómo se afianzan y se equilibran y qué hacer para ayudarte a ti mismo a alinearte con tu habilidad para que ésta funcione EN TU FAVOR y no en tu contra.

Capítulo 2: La paz mental del empático y lo que la obstaculiza

Como leíste en el capítulo pasado, algunas circunstancias y relaciones pueden tener un gran impacto en la calidad de vida de los empáticos. Todos quieren tener un poco de paz mental y para alguien que absorbe los reflejos emocionales y mentales de quienes le rodean, centrar su mente puede ser difícil.

Para un empático estos problemas pueden manifestarse de múltiples formas. Este capítulo profundiza en la identificación de algunas de las maneras más comunes en las que puedes verte afectado por las emociones negativas o no deseadas de los demás. Mientras lees, toma nota de cualquiera de las situaciones o personalidades que pueden estar afectando tu energía y bienestar emocional.

Problemas comunes de una persona empática

Si respondiste el cuestionario en el Capítulo 1, entonces ya has identificado algunos de los problemas comunes que los empáticos pueden enfrentar. Los problemas de los empáticos se generan de los rasgos de los mismos. En esencia, gran parte de lo que crea una perturbación energética o emocional para un empático se desprende de la forma en que eligen vivir sus vidas: a menudo introvertidos, más felices en soledad o en pequeños grupos, lejos de las multitudes y sensibles a las experiencias.

Echemos un vistazo a la siguiente lista de algunos de los problemas más comunes a los que podría enfrentarse un empático cuando no tiene el control de su don:

- Enfermedad frecuente: esto no es necesariamente cierto para todos los empáticos; sin embargo, si no tienes un buen equilibrio o control de tu habilidad, tendrás la tendencia de absorber demasiada energía de otras personas y el exceso de sentimientos de muchas personas puede ocasionarte un sistema inmune debilitado, lo cual provoca una mayor predisposición a enfermarse.

- Los patrones de culpa, ansiedad y depresión-Muchos empáticos, sin saberlo, mantienen estos sentimientos como resultado de ser DEMASIADO abiertos y estar siempre disponibles para las sensaciones y sentimientos de los demás; lo cual podría resultar en que la depresión de otra persona se vuelva parte de tu energía hasta el punto en el que no puedes identificar si es tuya o de otro.

- Un blanco fácil: los empáticos tienen una forma de atraer a las personas que necesitan un hombro para llorar. Naturalmente, son buenos oyentes y tienden a ayudar a las personas a sentirse mejor cuando se sienten deprimidas o tristes. Los empáticos podrían llevarse consigo son esos sentimientos bajos o tristes, o un sentimiento de agotamiento o el sentirse drenado después de dichos encuentros.

- Aislamiento: muchos empáticos descubren que se sienten más tranquilos cuando están solos en la comodidad de sus hogares donde pueden vivir con su propia energía. Los empáticos pueden ser introvertidos, pero aún así, necesitan la interacción humana y, por lo tanto, encontrar un equilibrio entre tener un santuario para sí mismo y estar con personas puede ser problemático para un empático.

- Altas y bajas impredecibles: una verdadera persona empática siempre tendrá que protegerse de la energía de otras personas y cuando no lo hacen, descubrirán que con frecuencia, se llevan a su propia vida los altibajos de otras persona. Desde la interacción con el cajero descontento hasta el padre enojado en el patio de recreo, pasando por el empleado de correos alegre y amigable que te alegra el día, de regreso a casa, estarás absorbiendo la energía de los demás durante todo el día a través de tus interacciones. Esto estimulará una amplia gama de altibajos que hará que tu cabeza gire si no estás completamente conectado a tierra y consciente de tu don.

- Agotamiento: toda la energía que recibes y no dejas ir, queda atrapada en tu campo energético y te mantiene vibrando en un nivel bajo. La única manera de deshacerse de la energía de otras personas es alejándola de la tuya (explicaremos más sobre esto más adelante), y si no te tomas el tiempo necesario para poner los pies en la tierra primero y limpiar tu energía luego o ambas al mismo tiempo, terminarás sintiéndote agotado, exhausto y cansado al final del día.
- Comprometerse demasiado con el deseo de hacer lo correcto- Muchos empáticos quieren hacer lo correcto y desean ayudar, apoyar, nutrir y cuidar a otras personas. A menudo, los empáticos sentirán la necesidad del otro y harán todo lo posible por ayudar. Esto puede convertirse en una forma de vida y, finalmente, en un daño a la salud y el bienestar general de los empáticos.

Estos problemas y otros más pueden evitar que un empático viva plenamente con su don. Si has experimentado alguna de estas dificultades, te alegrará saber que se pueden remediar fácilmente para tener una experiencia más fructífera y amplia. Avanzando hacia otros obstáculos a la tranquilidad mental de los empáticos, echemos un vistazo a los rasgos de personalidad específicos que pueden ser particularmente difíciles para una persona empática.

El narcisista y el empático

Los narcisistas y empáticos parecen atraerse unos a otros y hay una razón para ello. En primer lugar, vamos a ver lo que es realmente cada uno de ellos: un narcisista es alguien que carece de empatía y se nutre de la atención, aceptación, validación y reconocimientos; un empático es altamente intuitivo, indulgente, compasivo y dispuesto a dar una oportunidad a todos, sin importar nada más.

Debido a que el narcisista está muy hambriento de elogios y reconocimiento, el empático se convierte entonces en la fuente perfecta de amor, porque siempre estará disponible para llenar al narcisista de afecto, perdón y a menudo se disculpará por hacer algo que haga infeliz o incomode al narcisista.

Desafortunadamente, esta "atracción" puede conducir a una codependencia de por vida entre dos personas desequilibradas: una siempre tiene sed de más de lo que hay en la copa, y otra copa que siempre está vacía por llenar la copa del otro. No todas las relaciones de este tipo son románticas; a veces son de amistad, profesionales, familiares o platónicas.

De cualquier manera, es importante que como empático, identifiques a las personas en tu vida que pueden tener las mencionadas cualidades o actitudes en su relación contigo. Por lo general, un empático intentará ayudar o "arreglar" al narcisista, pero se pierde en el proceso, socavando su propio éxito y crecimiento personal para hacer que otra persona se sienta querida y necesitada todo el tiempo. Un narcisista solo puede ayudarse a sí mismo a sanar identificando la causa de su comportamiento, pero a menudo preferirá aferrarse a otros que lo ayudarán a mantener su necesidad de ser adorados permanentemente.

Los empáticos luchan por abandonar este tipo de relaciones debido a su deseo de ayudar a los demás y hacerlos sentir apoyados y amados. Es fácil para un narcisista encantar a un empático al comienzo de una relación porque son excelentes en adaptarse a otros, manipulando sus propias características para alinearse más con la persona que eligen para establecer una relación.

Sin embargo, después de algún tiempo el narcisista mostrará todos sus verdaderos colores y exigirá que el empático responda a sus deseos, necesidades y expectativas. El humilde y comprensivo empático, estará obligado a mantener la paz y ayudar a la otra persona a sentirse bien y feliz, en detrimento suyo.

La lección de esto es crear conciencia sobre quién podría estar causándote más problemas de lo que podrías haber pensado. No todas las personas son narcisistas y no todos los narcisistas se aferran a los empáticos. Es una dinámica común que puede dar lugar a dolor emocional y lucha mental para el empático y por ello, es importante saber cómo identificar esto en tus relaciones actuales o en las venideras.

¿Qué son los "vampiros de energía"?

Los narcisistas son uno de los tipos de "vampiros de energía" como se les denomina, y todos ellos tienen la capacidad de tener un gran impacto o influencia en los empáticos. Los vampiros de energía son, por definición, aquellas personas que chupan o drenan tu energía. Para los empáticos, estos son un gran origen de dificultad y preocupación porque pueden ser difíciles de evitar, especialmente cuando eres una persona que desea ayudar, sanar o comprender la perspectiva de los demás.

Un vampiro de energía por lo general no es consciente de la dificultad que le causa al empático que esté a su alrededor y tiene su propia manera de lidiar con las emociones y asuntos de la vida. Al requerir recargar y renovar su energía constantemente, los empáticos definitivamente experimentaran la necesidad de recargarse después de cualquier interacción con un vampiro de energía. Los vampiros de energía tienden a tomar sin dar nada a cambio. A veces pueden tener actitudes o comportamientos muy negativos que causan angustia a los empáticos, o pueden estar demasiado conectados contigo porque necesitan que alguien escuche todo lo que tienen que decir por todo el tiempo que sea necesario para ello.

Puede que ya conozcas a algunas de estas personas en tu vida, incluso podrían ser muy buenos amigos, familiares, o socios. Algo que podría representar un desafío para los empáticos es poner límites a otras personas. A veces, los empáticos piden este tipo de energía que emana de otro, simplemente por negarse a dejar que otros noten que no están disponibles para hablar o que no permitirán que les griten, en un esfuerzo por ser compasivos y no herir los sentimientos de nadie.

La mejor manera de manejar a este tipo de personas es ofrecerles su tiempo, amistad o amor de una manera amable fijando límites saludables. Si sabes que alguien está agotando tu energía, entonces tendrás que aprender a expresar directamente tus necesidades de forma amable y reflexiva. Esto podría significar tener una razón para terminar una conversación que no tiene fin o si alguien se muestra agresivo, indicarle que prefieres hablar con él cuando se calme. Más adelante en este libro, descubrirás y aprenderás otras formas para ayudarte a crear equilibrio y establecer límites con otras personas en tu vida que parecen vaciar tu energía.

Hay algunos tipos comunes de vampiros de energía y estos son:

- Narcisistas: chequea la sección anterior.
- Víctima / Mártir: alguien que puede tener una necesidad interminable de asistencia u orientación, pero que no parece querer encontrar soluciones propias a sus problemas. En esa misma línea, un mártir puede sugerirte que no estás viendo cuán duro lo están intentando, convenciéndote que requieren ser halagados por su sufrimiento.
- Pasivo Agresivo: alguien que es agradable en apariencia y luego de la nada te golpea donde duele, especialmente cuando se siente infeliz, herido o emocionalmente frustrado por su vida.
- Agresivo: alguien con tendencia a ponerse furioso fácilmente en lugar de lidiar adecuadamente con sus emociones. Esto a veces puede conducir a violencia física o abuso y a menudo causa ansiedad en las personas que rodean a esta persona.

- Dramático: alguien que anhela el drama tanto como les gusta hablar sobre ello. Por lo general, un vampiro dramático es alguien que te perseguirá para contarte los últimos chismes y continuará sin parar hasta que le pongas un límite.

Tener conciencia de los diferentes tipos de personas que pueden drenar tu energía, es un aspecto importante para entender tu don. Ser empático, puede ser muy desafiante, especialmente si no estás seguro de cómo manejar ciertos tipos de personalidad, pero al ser alguien que absorbe energía y se conecta fácilmente con las emociones de otras personas, esto puede causarte una gran cantidad de molestias y dolor emocional aunque no lo sepas.

Las desventajas de ser un empático poderoso

Al igual que con cualquier don o habilidad poderosa, a veces pueden presentarse inconvenientes. Como ya habrás adivinado por tu lectura hasta ahora, ser empático no está exento de desafíos y tratar de ayudar a otros, motivado por tu sensibilidad a sus necesidades puede generar muchos problemas a largo plazo.

Algunas de las principales causas de los problemas de un empático provienen de vínculos energéticos no deseados o inesperados con los pensamientos y sentimientos de otras personas. Cuando absorbes la realidad de otro y la haces tuya, puedes provocar una gran cantidad de dolor y sufrimiento personal, especialmente cuando se mantiene durante un largo período de tiempo y proviene de varias personas.

El fenómeno de los empáticos radica en su habilidad para trabajar con su don de una manera que les permita ser una persona dotada en las áreas del cuidado, la crianza, curación y en amar a todas las personas sin absorber o tomar las tragedias de la vida de otros. Bien sea que sientas que eres bueno en esto o no, es importante mantenerte siempre consciente de cómo la energía de otras personas puede quitarte poder significativamente de un momento a otro, especialmente si no estás conectado a tierra o equilibrado en tu propia vida y energía.

Las desventajas de ser un empático solo existen si no estás tomando las medidas adecuadas para protegerte, limpiar la energía de los demás de la tuya y conectarte con tu poder como empático y como una persona con la capacidad de dar y recibir energía poderosamente. Puedes superar fácilmente estos inconvenientes con el uso correcto de las herramientas de curación, limpieza de energía y meditación.

Todos los inconvenientes de este don provienen de la falta de comprensión acerca de lo que eres, cómo funciona y qué o quién en tu vida te está impactando de una manera que te mantiene en ciclos de energía desafiantes o descensos emocionales. La mejor manera de identificar por ti mismo cuáles son las desventajas, es considerar el conocimiento que has adquirido en estos dos primeros capítulos y hacer una lista de cómo podrías verte afectado por la energía de otras personas en tu vida en este momento.

Hazte algunas de las siguientes preguntas:

1. ¿Me siento apoyado por quienes me rodean?

2. ¿Soy libre de ser yo mismo con los demás, o por lo general actúo según las necesidades de los demás?

3. ¿He hecho sacrificios para hacer felices a los demás sin hacerme yo feliz, también?

4. ¿Hay personas en mi vida que me hacen sentir agotado o exhausto cada vez que las veo?

5. Cuando estoy en una relación o asociación con alguien, ¿dejo que se salga con la suya la mayor parte del tiempo?

6. ¿Me siento incómodo cuando otras personas me piden que hable de mí?

7. ¿Hay compañeros de trabajo que me hacen sentir triste, ansioso o con baja autoestima, llevándome a cuestionar mis habilidades y capacidades laborales?

8. ¿Tengo o he tenido una relación que se siente equilibrada y pacífica?

9. ¿Hay miembros de mi familia o grupo de amigos que siempre me hacen sentir peor en vez de mejor?

10. ¿Qué tipo de personas en mi vida me hacen sentir alegría y aceptación, placer y camaradería?

11. ¿Me rodeo de personas conectadas a tierra, equilibradas, felices y honestas con sus sentimientos?

12. ¿Cuántas veces me digo que es mi culpa y no la de ellos?

13. ¿Qué tipo de experiencia quiero tener con otras personas y cuáles tengo regularmente?

14. Cuando estoy cerca de ciertas personas en mi vida, ¿les gusta escucharme hablar sobre lo que está sucediendo en mi vida o solo hablan sobre sí mismos?

15. Cuando estoy cerca de ciertas personas en mi vida, ¿me piden demasiado con respecto a ayudarlos con sus problemas, destino o circunstancias de la vida?

16. Si dejara ir todos los sentimientos de otras personas en mi vida, ¿cómo me sentiría y cómo sería para mí?

17. ¿Cuáles son los tipos de personas con las que me gustaría estar en mi vida que me hagan sentir apoyado y con las que pueda ser yo mismo?

18. Cuando estoy cerca de ciertas personas en mi vida, ¿me permiten tener una opinión propia o me dicen cómo debo pensar o sentirme?

19. ¿Otros miembros de mi grupo de amigos, sienten lo mismo que yo por otra persona y son demasiado educados para decir algo?

20. ¿Fue mi experiencia en mi última relación, amistad, etc. saludable y equilibrada, o desafiante, difícil y emocionalmente tóxica?

Asegúrese de hacerse este tipo de preguntas incluso cuando esté iniciando nuevas amistades o estableciendo nuevas asociaciones profesionales o románticas. Las desventajas de ser un empático se derivan de cómo eliges pasar tu vida y si estás listo o no para abandonar a las personas, los trabajos o los lugares que te causan estrés e incomodidad. A veces, ni siquiera se trata de dejar ir; se trata de respetarte a ti mismo, creando límites saludables y haciendo honor a tu don como empático.

Hay tantos beneficios maravillosos de tener esta experiencia o habilidad que superan las desventajas y problemas comunes. En el próximo capítulo, aprenderás mucho más sobre las cualidades de ser un empático y por qué es una parte tan poderosa e importante de nuestra humanidad cultural.

Capítulo 3: El regalo de ser un empático

Como has leído, puede haber muchos problemas comunes y desventajas de ser un empático, a la vez hay muchos atributos maravillosos y cualidades de vida que provienen de tener un don tan poderoso. Puede que no lo parezca al principio, pero tener la capacidad de sentir y saber a profundidad cómo se siente alguien más, puede propiciar que sucedan muchas cosas buenas, tanto para ti como para esa persona.

Actuar con empatía, en general, lleva a una sensación de plenitud y felicidad; cuando somos buenos con los demás, también lo somos con nosotros mismos y llevamos la vibración positiva del amor y la armonía. La autoconciencia de tus propios sentimientos y cómo los relacionas con el mundo que te rodea puede ser una excelente cualidad a poner en práctica con todas las personas en tu vida y, a veces, puede llevarte a una profesión o carrera en la que emplees tus habilidades de empatía para el bien de otros, más allá de tus amigos y seres queridos.

Ver todas las formas en que ser empático puede ser un desafío, te ayudará a concentrarte en cómo llevar los beneficios de ser empático a otro nivel. En este capítulo, aprenderás más acerca de la importancia de este don y habilidad en tu hogar, así como en tu vida personal y profesional.

Los beneficios de ser empático
Conciencia de sí mismo

Los empáticos se dedican a comprender cómo se sienten ellos mismos y los demás como resultado de ser tan abiertos a los estados emocionales y sentimientos de quienes le rodean. Muchos empáticos son muy conscientes de sí mismos debido a la experiencia de tener que identificar por qué, qué, cómo, y cuando sus sensibilidades impactan en su vida y experiencia. Un gran sentido de sí mismo o una autoconciencia, altamente desarrollada es una herramienta increíblemente valiosa a lo largo de la vida y aporta un gran beneficio para la felicidad y el éxito general de una persona.

Ver lo que otros pasan por alto
Ser muy intuitivo y perceptivo tiene sus beneficios y los empáticos son naturalmente capaces de ser testigos, observar e identificar lo que está sucediendo a su alrededor, casi como un detective en la escena de un crimen. Tiene mucho que ver con la comprensión de los empáticos de lo que sucede debajo de la superficie y cómo las personas proyectan esa realidad que los empáticos son capaces de "saber". Tener esta fuerza de observación y percepción, puede ser útil en distintos momentos de la vida.

Ver las conexiones entre todas las cosas
Retomando los beneficios anteriores, ser observador y ver más allá de lo que está a simple vista, permite al empático formar conexiones o enlaces entre personas, lugares, circunstancias, etc. Este es el segundo componente de ser un buen "detective" y puede ayudar a una persona a avanzar o a decir la verdad de una situación con mayor facilidad y comprensión. La mayor parte de nuestra vida cotidiana se pasa estableciendo conexiones de este tipo en nuestros cerebros y a través de nuestro tejido neuronal. Debido a que los empáticos son naturalmente más observadores y en extremo conscientes de la energía que no puede verse o de las fuerzas de la naturaleza, resultan expertos en establecer conexiones entre todas las cosas.

Estar satisfecho con una vida simple
Debido a que la vida es una experiencia más intensa para muchos empáticos, a menudo se sienten atraídos por estilos de vida tranquilos, pacíficos y simples, y se contentan con estar en paz o en una circunstancia de vida se ajuste a ellos. Una vez que sabes que eres un empático y abrazas la realidad de cómo se siente estar tan "en sintonía" o "consciente de todo lo que está alrededor ," entonces es probable que crees una experiencia de

vida que involucre los placeres más simples y esto puede ser de gran beneficio para tu tranquilidad, felicidad de corazón y amor propio.

Subjetivo y objetivo en igual proporción

Los empáticos son buenos viendo todos los lados de una situación debido a su capacidad para comprender un escenario desde un punto de vista objetivo y subjetivo Pueden existir desacuerdos y discusiones, opiniones y sentimientos, hechos concretos y teorías, y el empático es capaz de tener una perspectiva abierta sobre todo y formar un punto de vista excepcionalmente equilibrado a través del deseo de comprender en lugar de calificar o cuantificar innecesariamente. Esto puede ser un gran don en muchas situaciones de la vida.

Habilidades Creativas

Los empáticos son a menudo individuos muy creativos. Debido a su naturaleza más sensible, ellos están conectados y comunicaciones a profundidad con su experiencia creativa y tienen tendencia a hacer obras de arte o vivir una vida creativa, diferente a lo que podría considerarse "normal". Por lo general, un empático es alguien que "vive fuera de la caja" debido a su energía creativa y su intención de encontrar un equilibrio vital saludable y enérgico para sí mismo.

Altamente sensible a todas las personas, animales y lugares

Algunos pueden ver esto como un problema o un defecto. Sin embargo, existe un gran beneficio de ser sensible a las personas, lugares y animales. Cuando eres hiper-consciente de los seres vivos o entornos, puedes experimentarlos mejor y tener visión más amplia de todo el mundo, "viendo" más allá de lo que está pasando. Debido a que los empáticos pueden "saber" lo que está pasando mediante la percepción sensorial, la observación y la intuición, es probable que vea las cosas antes que sucedan. Esto puede tener una poderosa utilización en la vida cuando un empático está dispuesto a ser tan sensible y observador. Otra palabra para describir esta sensibilidad sería 'premonición'. En general, ser muy sensible a lo que está a tu alrededor puede ofrecer una gama más amplia de entendimiento, y por lo tanto, una mayor capacidad para experimentar el éxito y el progreso. Esto normalmente sólo ocurre si estás ya energéticamente equilibrado, conectado a tierra y has comprendido cómo utilizar bien tu regalo.

Capacidad de tener habilidades psíquicas
Permitir que tu energía esté abierta a otras fuerzas de la naturaleza a menudo puede alinearte con la capacidad de aprovechar tus tendencias psíquicas naturales. Todas las personas tienen la capacidad de desarrollar esta parte de sí mismas, pero la mayoría de las veces, tienen demasiado miedo de conocer cómo experimentar su naturaleza psíquica. Los empáticos, gracias a sus dones e inclinaciones generales, tienen muchas más probabilidades de involucrarse en estas habilidades debido a su capacidad inherente de detectar y sentir lo que no es obvio o demostrable. Algunas habilidades psíquicas que pueden surgir de una empatía sana y equilibrada son: clarividencia, claricognoscencia, telepatía, visiones o viajes astrales, hablar con "espíritus", entre otras.

Sanando y Ayudando a Otros
Los empáticos son sanadores naturales. Quieren ayudar a las personas, y esto tiene mucho que ver con la capacidad de percibir y sentir, en otra persona sin palabras ni explicaciones. Puede ser de gran provecho para nuestra cultura y sociedad cuando los empáticos siguen su verdadera naturaleza y usan su don para ayudar a otros a sanar. Siempre estamos buscando un médico general o especialista que nos haga sentir bien cuidados y amados, por nuestra necesidad de curación y ayuda. Muchos empáticos eligen profesiones que les ayudan a ofrecer atención médica u otros servicios de curación para aprovechar sus habilidades. Es tan gratificante para los empáticos sanar y ayudar a otros como lo es para la comunidad a la que sirven.

Sensible a las necesidades de los demás
Ya has leído que es beneficioso ser altamente sensibles a las personas, animales y lugares. Una extensión de esa alta sensibilidad

es ser capaz de determinar lo que alguien o algo necesita tomando en cuenta lo que percibes mediante la energía. Mucha gente podría llamar a esto intuición, y esa es una buena palabra para describirlo; intuir las necesidades de alguien es una habilidad enormemente beneficiosa para mantener a lo largo de la vida y puede ser muy valiosa para todas las relaciones. Antes que te dejes llevar diciéndole a tus seres queridos y parejas que sabes lo que necesitan, es probable que quieras preguntar antes.

Mejor calidad de vida

Intuitiva y abierta, despierta y consciente, la vida de un empático puede tener una calidad elevada cuando acepta tu regalo. Cuando estás alineado con los patrones y las energías de tu existencia en este mundo, estimulas todas las herramientas poderosas para lograr tu verdadero propósito y vivir la vida que deseas. Como empático y siendo alguien con estas habilidades particulares, puedes usarlas a tu favor para ayudarte a mejorar tu calidad de vida a mediante la determinación centrada en confiar en tus dones y habilidades. Esto viene en una variedad de formas; sin embargo, esto siempre estará vinculado a tu concepto de enfrentar tu camino como empático y abrazar tu don.

Todo es más intenso

Quizás, esto podría verse como una desventaja de ser un empático. Sin embargo, la vida no siempre es tan larga como queremos que sea, y hay muchas maneras de apreciar y experimentar nuestro viaje. Para un empático, la mayoría de las cosas son mucho más intensas diariamente, y esto en realidad puede ser un beneficio para su vida ya que todo se pone en una mejor perspectiva. Hay una diferencia entre ser un rey / reina del drama y experimentar todos los altibajos de la vida, no importa cuán intenso sea, con un corazón y mente abiertos. Los empáticos pueden ser muy buenos en cuanto al disfrute de la intensidad de su don con la mentalidad correcta y con las herramientas de equilibrio necesarias para ponerlo en práctica.

Excelentes habilidades personales

Los empáticos tienen dones naturales para tratar con la gente debido a su sensibilidad a la energía, emociones, necesidades y preocupaciones subyacentes. Esto es una ventaja en muchos ámbitos, abarcando las relaciones de parejas, amistades saludables, relaciones padre / hijo, relaciones de trabajo e incluso las interacciones con los extraños. Tener una conciencia clara de cómo la energía de otras personas está afectando la energía que te rodea, puede ayudarte a determinar la mejor manera de abordar una situación con una persona y que es lo más necesario en ese momento. Esto, aunado a una comunicación cuidadosa, puede ser una de las grandes destrezas de los empáticos.

Como puedes ver, hay unos cuantos beneficios de la exploración y aceptación de tu don como empático. Esta lista ciertamente no cubre todo, y puedes descubrir muchas otras ventajas durante tu camino a medida que continúas desarrollando tus habilidades. Dos de los mayores beneficios que resaltan son la conciencia y la curación / la ayuda a los demás. Analicemos más profundamente dichos beneficios y cómo pueden ayudarte a lograr un mayor éxito como empático.

La autoconciencia y la conciencia de los demás

La autoconciencia es una parte importante de la aventura de la vida de un individuo. Cuando estamos buscando dentro de nosotros mismos para encontrar las respuestas que necesitamos, estamos desarrollando nuestra autoconciencia. Para muchas personas, esto parece un hecho, pero te sorprendería saber la cantidad de personas que buscan respuestas fuera de sí mismos. Nadie sabe mejor que tú, cómo responder a tu vocación de vida o como debes avanzar en tu camino.

Una hiperconciencia de los sentimientos, las emociones y las energías forman parte de la vida de un empático, debido a que tienen una mayor inclinación a ser conscientes de sí mismos, ya que es parte de cómo aprenden a relacionarse con el mundo que los rodea. Algunos empáticos luchan regularmente con la autoconciencia porque no han aprendido a equilibrar o afianzar su energía, y luego terminan recolectando la energía y las emociones de otras personas que pueden tener un impacto negativo en su viaje de autoconciencia.

Para obtener más información sobre cómo trabajar dentro de los ámbitos de la autoconciencia, todo lo que debes hacer es conectarte contigo mismo. Hazte preguntas y sigue preguntando hasta que llegues a la respuesta que sabes es la correcta porque siempre ha estado allí dentro de ti. La capacidad de recurrir a ti mismo para obtener información y conocimiento es lo que te ayudará a desarrollar una auto-conciencia más fuerte y poderosa, lo cual conduce a una mayor expansión, crecimiento y transformación personal a lo largo de tu vida.

Los empáticos siempre querrán hacer estas preguntas porque está en su naturaleza analizar dichos asuntos. Como resultado de conectarse con su propia conciencia y el proceso de ser un individuo, tienen la capacidad de crear y desarrollar una comprensión más profunda de otras personas, cómo pueden manifestarse sus propias realidades y cómo impactan sus vidas.

El beneficio de esto siempre se demostrará por sí solo y a medida que aprendas a desarrollar tú propia conciencia de ti mismo. Innatamente trabajarás en desarrollar un sentido y conciencia de los demás. Muchas veces, nuestros egos pueden nublar nuestra capacidad de recibir una buena percepción de otra persona e incluso de nosotros mismos, por lo que forma parte del aprendizaje de la autoconciencia dejar tu Ego en la puerta y llevar contigo sólo tu intuición, percepción sensorial energética y un corazón lleno de amor, compasión y empatía.

Aquí hay una lista de preguntas de autoconciencia que pueden ayudarte a enfocarte más en lo que está dentro de ti, esperando por respuestas:

1. ¿Cómo me siento ahora mismo?

2. ¿Por qué me siento así ahora?

3. ¿Qué pasó justo antes de comenzar a sentirme así?

4. ¿Ha sucedido algo recientemente que me haya hecho sentir así?

5. ¿Me estoy dando lo que necesito hoy / esta semana?

6. ¿Me estoy permitiendo las cosas que necesito para sentirme completo y equilibrado?

7. ¿Cuándo fue la última vez que experimenté alegría?

8. ¿Cómo fue esa alegría?

9. ¿Doy suficiente espacio en mi vida para los momentos alegres?

10. ¿Cuándo fue la última vez que me sentí vulnerable?

11. ¿Qué me hizo sentir vulnerable?

12. ¿Evito momentos o experiencias que me hacen sentir vulnerable?

13. ¿En este momento, hay personas en mi vida que me hacen sentir menos?

14. ¿En este momento, hay personas en mi vida que me ayudan a sentirme más como yo?

15. ¿Cuáles son las maneras en que controlo mi energía o mis emociones?

16. ¿De qué maneras niego mi verdadero yo?

17. ¿Qué es lo que más me gusta hacer?

18. ¿Qué es lo que menos le gusta hacer a mi verdadero yo?

19. ¿Cuánto tiempo me tomo para estar tranquilo y relajado sin ninguna obligación con nadie ni nada? ¿ese tiempo es suficiente?

20. ¿Dónde me gustaría estar en un año?

Toma algún tiempo para responder a esas preguntas. Usualmente la respuesta que buscas se encuentra en tu primer instinto. También puedes crear nuevas preguntas que sean más específicas para las circunstancias y necesidades de tu vida. Siempre hazte preguntas para desarrollar tu autoconciencia. Cuando mejores en saber cómo hacerte esas preguntas, entonces serás un empático con talento al hacer dichas preguntas a los demás.

Sanando y Ayudando a Otros

Uno de los grandes instintos e inclinaciones de los empáticos es sanar y ayudar a los demás. Esto puede darse de dos maneras: bueno o no bueno. Hay muchas buenas razones para ayudar a los demás y en algunas ocasiones las personas a las que intentas ayudar a nivel emocional no quieren tu ayuda. Esto representar un problema para los empáticos cuando tratan de ayudar a otros porque está en su naturaleza hacerlo, pero no siempre es deseado o bien recibido.

A medida que aprendes a perfeccionar tus cualidades y habilidades especiales, puedes usarlas para el provecho de ayudar a las personas y también reconocer a través de tus sentidos y una comprensión profunda, cuando la persona a la que deseas ayudar no desea recibir dicha ayuda. Los beneficios de tener la capacidad de ayudar a las personas adecuadamente porque puedes apreciar lo que sucede debajo de la superficie forman parte de la experiencia de ser un empático. Buscar formas de ayudar a los demás siempre es un buen camino para transitar, mientras te mantengas dispuesto a comprender que realmente no puedes sanar a cualquiera.

Muchos empáticos pierden de vista esto durante su viaje, sintiéndose fortalecidos por su habilidad innata y sus dones para comprender los sentimientos de los demás. Cuando pierdes de vista el verdadero significado de curar y ayudar a los demás, pueden generarse más dificultades para ti y las personas a las que intenta ayudar. Un ejemplo de esto ocurriría cuando estés ofreciendo consejo a alguien y te des cuenta que no desea tomarlo. Sabes que ese consejo le ayudaría a superar algo, pero no le interesa emprender ese camino. Esto puede ser desalentador cuando estás seguro de la utilidad de tu consejo. Los empáticos deben recordar entonces que no pueden curar a alguien por sí solos, las personas deben escoger hacerlo por sí mismas.

Los dones que provienen de ser un empático te permiten mostrarles a los demás lo positivo de embarcarse en un camino de curación y ayuda; esto no siempre implica que la otra persona tomará tu consejo o prestará atención a tus conocimientos, pero puede ser un catalizador para el crecimiento de muchas personas. El propósito de los empáticos varía ampliamente y muchos de ellos eligen carreras que les permiten ayudar a las personas a través de sus viajes de curación e integridad utilizando sus dones y habilidades.

Cuando comiences a practicar más tu verdadero poder como empático, es posible que te sientas atraído por una nueva carrera o profesión que te brinde la posibilidad de ayudar a las personas a curarse a sí mismas. Hay muchas formas de ejercer dichas ocupaciones y en la siguiente sección, aprenderás más sobre algunas de las profesiones a las que comúnmente aspiran los empáticos.

Posibles profesiones para ayudarte a prosperar en la vida como empático

Si eres un empático hay una variedad de excelentes opciones de trabajo e incluso algunas no aparecerán en esta lista, debido a la gran cantidad de maneras impresionantes en las que puedes utilizar tu don y habilidades. Las siguientes carreras son algunas de las que están directamente relacionadas con el uso de tus habilidades para ayudar a otros.

1. <u>Terapeuta / Trabajador social:</u> la terapia se presenta en distintas formas y en una variedad de perspectivas y aplicaciones. El trabajo social tiene un vínculo directo con trabajar en terapia conductual y puede ser una profesión muy dinámica que se ocupa de las personas y su progreso. Cualquiera de estas profesiones está íntimamente vinculada con las experiencias emocionales de los demás y cómo ayudarles a encontrar el camino correcto para crear las circunstancias de vida que quieren y necesitan para prosperar. Los terapeutas se encuentran permanentemente discutiendo los sentimientos y se muestran entusiasmados por ayudar en su progreso. Los trabajadores sociales te ayudan a encontrar una mejor manera de vivir una vida más saludable, después de sufrir de traumas, abandono o abuso. Algunos trabajadores sociales incluso pueden diagnosticar problemas de comportamiento en sus usuarios y estos son los trabajadores sociales clínicos. Un empático prosperaría en esta carrera debido a la necesidad de comprender las emociones de una persona y ayudarla a facilitar el cambio. ¿Qué mejor papel para alguien que puede percibir y sentir profundamente los sentimientos de otro? Lo único en lo que deben tener cuidado los empáticos es en mantener su propia energía y asegurarse de no recopilar la energía de varios usuarios a lo largo del día.

2. <u>Profesional de la salud</u> – Bien sea como médico, enfermera, partera, trabajador hospitalario o un naturópata,

el trabajo de un profesional de la salud requiere una gran cantidad de compasión, comprensión y empatía. La mayoría de las personas tienen la necesidad de buscar atención médica a lo largo de sus vidas y buscan al profesional de salud con el que se sienta cómodo y que pueda responder o entender la dificultad, el dolor o incluso el placer que están experimentando con su salud física. Los empáticos son excelentes profesionales de la salud porque pueden detectar fácilmente las necesidades de atención y la mejor manera de ayudar a cada individuo. Cuando se describen las cualidades de un trabajador de la salud, "tratar bien al paciente" siempre es un aspecto que debe tomarse en cuenta. Los empáticos tienen la capacidad de tranquilizar a casi cualquier persona gracias a sus dones de compasión y comprensión hacia sus pacientes.

3. <u>Veterinario:</u> no siempre se trata de seres humanos; Los empáticos están dotados de comprensión hacia los sentimientos de los animales y cómo responder a ellos adecuadamente. Los empáticos serían excelentes veterinarios debido a lo bien sintonizados que están con la energía de todos los seres vivos. Algunos veterinarios empáticos pueden incluso a veces experimentar lo que se siente "escuchar" o "sentir" lo que el animal o la mascota podría estar pidiendo o necesitando. Esto ha sido reportado en varios casos y es por ello que algunas personas optan por trabajar en la medicina de animales como primera opción, porque saben lo que el animal quiere o necesita.

4. <u>Terapeuta de masajes:</u> el masaje es otra forma de terapia que implica la curación de músculos y tejidos y puede parecer que no tiene nada que ver con las emociones, pero el cuerpo y la mente están significativamente relacionados. Un empático es un buen terapeuta de masaje debido a lo fuerte que puede sentir las necesidades del cuerpo de la persona, cómo se ha lesionado o dónde necesita trabajar

más. Algunos terapeutas de masajes empáticos incluso han reportado ocasionalmente la capacidad de escuchar las preocupaciones o temores que pueden surgir cuando se está trabajando en alguien durante una sesión terapéutica. Hay muchas modalidades distintas de masaje que vale la pena explorar si te sientes atraído por este tipo de trabajo curativo y puedes ofrecer terapia de masajes de pareja para un mayor impacto curativo.

5. <u>Maestro de Reiki</u> – No tienes que ser un maestro de Reiki para aplicar esta terapia a alguien, pero ese sería el nivel más alto que se puede obtener en esta terapia especializada que se conecta solo a los centros de energía y al sistema de su cuerpo y no implica ninguna manipulación de tejidos, como en un masaje. El Reiki es una forma única de terapia curativa que se deriva de la medicina y practicas espirituales orientales, especialmente aquellas relacionadas con los chakras y auras. El sistema de energía de tu cuerpo está estrechamente relacionado con tus cualidades físicas y salud, por lo que cuando recibe una experiencia energética curativa de un profesional de Reiki, está impactando no solo tu auras y chakras, sino también en tus órganos, músculos, tejidos y incluso tu pensamiento y emociones. Junto con el masaje, este trabajo de curación empática es una fuerza formidable para ayudar a cualquiera a alinearse mejor con su salud y bienestar personal, aparte de las visitas al médico. Los empáticos ya son expertos en la lectura de energía, por lo que trabajar como profesional de Reiki es una buena opción para ellos.

6. <u>Artista creativo:</u> muchos empáticos son naturalmente creativos debido a lo emocional que puede ser el arte, ya sea en la creación o en la apreciación del mismo. El

acto de creatividad es un proceso altamente emoción y como los empáticos a menudo están muy motivados por los sentimientos y la energía de las emociones, son excepcionalmente buenos para hacer obras de arte. Hay varias formas y medios diferentes en el arte, como la pintura, el dibujo, la escultura, la elaboración, y así sucesivamente que pueden ayudar al empático a mostrar sus verdaderos colores como un individuo profundamente sensible y emocional.

7. <u>Artista dramático:</u> dramatizar requiere la capacidad de demostrar una amplia gama de emociones humanas. Muchos actores y actrices pueden ser empáticos debido a su capacidad para comprender y conectarse con las emociones humanas en un nivel más profundo. Esto también se considera un arte creativo, utiliza menos materiales de arte y se trata más de la expresión emocional al representar una variedad de personajes y escenarios. A los empáticos les va bien en el trabajo de actuación porque realmente pueden sentir su papel. Otras representaciones artísticas pueden incluir diferentes tipos de baile que permiten a los empáticos explorar la expresión emocional a través del movimiento. En realidad, esta puede ser una profesión muy sólida para un empático porque ayuda a mantener el equilibrio en el cuerpo mientras explora las emociones. La expresión emocional pueden ser sacadas a menudo del cuerpo y seguir viviendo en tu mente. La expresión emocional a través del movimiento físico es una oportunidad profesional muy poderosa para un empático.

8. <u>Recursos humanos:</u> muchas empresas requieren una gran cantidad de personas para mantenerse a flote y operar. Muchos empleados tienen que estar bien retribuidos en intercambio por su trabajo duro y dedicación.

Los departamentos de recursos humanos suelen representar un puente entre el personal y los ejecutivos de la compañía que necesitan saber cómo mantener contentos a sus empleados. Sin un departamento de recursos humanos, ¿a dónde irían los empleados para expresar sus necesidades y preocupaciones sobre el trabajo? No todas las empresas trabajan bien con sus empleados de esta manera; sin embargo, aquellas que lo hacen han visto un aumento en la productividad de sus empleados porque se sienten más motivados para hacer un buen trabajo. Los empáticos son excelentes gerentes de recursos humanos debido a sus habilidades para ayudar a las personas con sus necesidades. Dado que los empáticos pueden percibir los sentimientos de los demás, a menudo pueden usar su don para ayudar a muchas personas a la vez y ser una voz para todo el equipo, actuando en nombre del bien de todas las personas del personal, así como de los empleados a nivel individua, cuando estos tienen preocupaciones personales y problemas con su trabajo.

9. <u>Servicios de cuidado de niños</u> - los empáticos tienen muchos dones para el trabajo con niños ya que estos requieren mucha atención, cariño y cuidado. En la actualidad, muchas madres y padres deben ir a trabajar todos los días y, a menudo, necesitan cuidadores de calidad para sus hijos mientras están fuera de casa. Los empáticos son expertos en atender las necesidades de la mayoría de las personas y por lo general, los niños necesitan más apoyo emocional porque todavía están creciendo y aprendiendo a expresar sus sentimientos. Los empáticos pueden ser de gran provecho como profesionales de cuidado infantil porque pueden ayudar a los niños a aprender mejor cómo comunicar sus sentimientos y, cuando no pueden, un empático les ofrecerá apoyo emocional según

sea necesario. Cada vez son más los niños son puestos en servicios de cuidado diario y están lejos de sus padres y por eso es importante darles ternura, amor, compasión y comprensión. Por dichos motivos, los empáticos son excelentes niñeras, au pairs y profesionales regulares de cuidado infantil.

10. <u>Trabajadores humanitarios:</u> muchos de los trabajos enumerados anteriormente pueden pertenecer a la categoría de trabajo humanitario. Existe una amplia gama de profesiones y carreras que se consideran de carácter humanitario. Un humanitario es básicamente alguien que se preocupa o busca promover el bienestar humano. Muchos empáticos se sienten atraídos por las profesiones humanitarias debido a lo bien que aportan al bien de todos. Aparte de los trabajos mencionados anteriormente, tales como profesionales de la salud, terapeutas, especialistas en recursos humanos y en servicio de cuidado de niños, algunos otros trabajos humanitarios incluyen lo siguiente: asesor educativo, ingeniero ambiental, especialista en comunicaciones, especialista en financiamientos y primas, nutricionistas, parteras y ayudantes de nacimiento.

No tienes que ser un empático para elegir estas carreras, ni tampoco debes elegir ninguna de ellas solo porque lo seas. Hay muchos trabajos y carreras en los que cualquier empático puede encontrar una manera de prosperar. Sin embargo, muchas de las carreras mencionadas anteriormente son algunas de a las que frecuentemente los empáticos se sienten naturalmente atraídos debido a sus dones y habilidades específicas.

Los empáticos se benefician de muchas partes diferentes de su energía y experiencia emocional y pueden encontrar el equilibrio y la base adecuados en su vida para evitar los inconvenientes y las dificultades de ser una persona tan abierta y sensible. Con frecuencia, utilizando un enfoque y herramientas apropiadas, así como una base energética sólida, los beneficios de ser empático y el resultado de vida generalmente superan cualquiera de los problemas que puedan surgir para ti.

En el siguiente capítulo, aprenderás más sobre cómo protegerte de la energía no deseada para que puedas prosperar en todo lo que hagas, manteniendo límites saludables con los sentimientos y experiencias emocionales de otros. Descubrirás métodos para protegerte, los beneficios de controlar tu energía y lo que eso implica y formar creativas de mantenerte alejado de la energía no deseada para poder vivir la vida que deseas sin perder nada de tu poder personal sobre los sentimientos y energías de los demás.

Capítulo 4: Herramientas de sanación y equilibrio para los empáticos

A lo largo de tu viaje de autodescubrimiento como empático, es posible que ya hayas descubierto algunos de los problemas que pueden limitar tu capacidad de vivir feliz y plenamente con tus dones. En los capítulos anteriores, has leído sobre muchas de las dificultades y problemas comunes que pueden surgir para ti si no estás trabajando con tu don o no tienes conciencia de cómo funciona o cómo puede hacerte sentir si no estás protegido, preparado y conectado a tierra para recibir las energías de otras personas.

Has leído cómo estos desequilibrios energéticos a menudo se pueden manifestar mediante enfermedades físicas o padecimientos como, depresión, ansiedad, insomnio y otros estados emocionales complejos. También has leído que al ser un empático que cuida bien su energía y teniendo conciencia de lo que te está afectando, puedes disfrutar de los beneficios y los dones de estar en sintonía con otros y en tu vida en general.

Involucrarte en el desarrollo de una vida saludable para mantener el soporte emocional, mental, físico y espiritual es la mejor manera de ayudarte a prosperar como un empático. Hay distintas maneras de manejar las energías no deseadas de otros y las situaciones desafiantes, puede que ya conozcas algunas de ellas o las hayas involucrado en tu vida.

El propósito de este capítulo es enseñarte algunas de las formas en las que puedes cuidarte en tu vida diaria para asegurarte de estar aceptando la verdad respecto a lo fácil que te ves afectado por la energía de los demás. Utilizar determinadas herramientas y métodos de limpieza de energía puede marcar la diferencia en tu vida, especialmente si no estás usando estos métodos.

A medida que comiences a dedicar más tiempo y energía a ti mismo, trabajando con tu poderoso don, enseñándote a ti mismo cómo manejarlo y cuidarlo, comenzarás a descubrir el verdadero significado de tu poder personal y cómo puede darte más de lo que quieres de la vida. Blindarte y protegerte a ti mismo cotidianamente, puede ser necesario, dependiendo de qué tan fuertes son tus habilidades como empático. Incluso si nunca has hecho nada como esto antes, comenzar a hacerlo ahora te ayudará a recuperar tu verdadero ser.

Las siguientes secciones explicarán formas más específicas en las que puedes emplear herramientas espirituales, el concepto de limpieza de energía y cómo funciona, la práctica de la atención plena para mantener su energía equilibrada y consciente, y cómo la meditación puede ser la herramienta de equilibrio final.

¿Qué son las herramientas de sanación espiritual y cómo usarlas?

Las herramientas espirituales vienen en muchas formas, tamaños y tipos. Son fáciles de usar y siempre están disponibles cuando las necesitas. Algunos son objetos y otras herramientas espirituales como podrían ser una práctica relajante o una meditación para ayudarte a realinearte contigo mismo. Cualquiera beneficiarse de las herramientas espirituales y los empáticos se ven muy afectados al usarlas.

Hay muchas maneras de usar estas herramientas y este libro ofrecerá una comprensión básica así como una descripción general de cuáles son algunas de ellas y algunas instrucciones simples sobre cómo incorporarlas a sus prácticas cotidianas. Con el tiempo, puedes modificar o crear nuevas formas de usar estas herramientas y disfrutarás desarrollando tu propia relación y única con ellas.

Cristales y piedras

Las personas han utilizado la magia y el poder de los cristales y las piedras durante años. Se han vuelto más populares en las comunidades esotéricas en nuestra cultura moderna y están fácilmente disponibles en una variedad de tiendas locales y minoristas en línea. Todos ellos tienen fuertes propiedades energéticas y cuando se combinan con meditaciones y visualizaciones creativas, pueden ser una manera muy útil de reequilibrar, recargar y refrescar tu energía.

Vienen en diferentes formas y tamaños y cada uno tiene propiedades, cualidades y características únicas que te beneficiarán. Los cristales y las piedras se conectan directamente a tu campo de energía proporcionándote una nueva forma de vibrar enérgicamente, de modo que si te sientes incómodo después de cierta conversación o experiencia con una persona, puedes aplicar la energía de ciertos cristales a tu cuerpo y sentir como tu vibración energética regresa a la normalidad.

Algunas personas los usan como joyas, mientras que otros los llevan en sus bolsillos o en algún lugar oculto sobre ellos. También puedes utilizarlos en rituales de limpieza o reequilibrio al final de un largo día colocándolos sobre tu cuerpo, generalmente sobre tus 7 chakras, para ayudar a reajustarte y conectarte a tierra.

Existen miles de cristales que pueden ser útiles, y solo tu sabrás exactamente cuáles se *sienten* bien para ti. Confía en tu intuición para ayudarte a encontrar la adecuada para tu experiencia. Algunos ejemplos de piedras poderosas para la limpieza, conexión a tierra o para la protección de la energía de los empáticos son los siguientes:

- Turmalina negra: uno de los cristales de protección más potentes.

- Piedra protectora de hematita; te ayuda a encontrar respuestas a los grandes cuestionamientos.

- Cuarzo rosado: puede abrir el chakra del corazón y también protegerlo de abrirse demasiado a la energía no deseada de otras personas

- Malaquita: limpia la energía estancada y no deseada

- Obsidiana negra: protege las energías del aura, elimina la energía no deseada

- Fluorita: te ayuda a reequilibrar las emociones cuando se sienten "apagadas"

Todas estas piedras son realmente útiles y beneficiosas para ayudarte a mantenerte protegido y resguardado. Al mismo tiempo, es posible que también quieras involucrarte con cristales y piedras que pueden ayudarte a ser más abierto y estar en sintonía con tus cualidades psíquicas o tu capacidad para sanar y ayudar. Algunos de esos cristales son:

- Amatista: aumenta las capacidades psíquicas; protege contra cualquier negatividad

- Cianita: cura y alinea todos los chakras y auras

- Lapislázuli: conecta a una gran energía, a veces considerada como guía espiritual

- Cristal de cuarzo: ayuda a mantener la mente despejada para escuchar la verdad

- Labradorita- aumenta la intuición

Es posible que no solo desees proteger tu energía; También es posible que desees mejorarla y potenciarla. Estas piedras, junto con la lista de piedras protectoras y de blindaje, pueden ofrecerte un mayor equilibrio energético para tu vida diaria. Encuentra los cristales que resuenan contigo y sé creativo con la forma en que los aprovechas en tu vida.

Incienso y humo

Muchas tradiciones aun utilizan incienso y humo para las prácticas espirituales, pero ¿alguna vez has sabido la razón? El uso de incienso o humo se ha dado durante siglos en ceremonias y rituales en todas las culturas debido a su capacidad para purificar y limpiar el espacio o la energía del cuerpo. El aroma del incienso puede alterar fácilmente tu estado mental o cómo te sientes, por lo que encontrar un aroma de incienso que sea sólido y beneficioso para ti puede ser muy útil para tener en casa cuando necesites "disipar" energías no deseadas.

Muchas personas utilizan un montón de hojas secas de salvia por las propiedades de limpieza que tienen su humo y esencia. También puedes utilizar cedro seco, hierba dulce y otras hojas de plantas que se quemen lentamente y produzcan un humo dulce y perfumado que sane las energías de una habitación o de una persona. Puedes incorporar este tipo de herramientas de curación espiritual en tus prácticas cotidiana simplemente quemándolas para que desprendan su olor o esparciendo el humo a través de tu hogar o alrededor de cualquier área que se sienta energéticamente "atrapada" o estancada.

También puedes esparcir el humo alrededor de tu cuerpo para purificar y limpiar tu propio campo de energía. Como empático, es posible que debas hacer esto más seguido, incluso diariamente, pero a medida que te sientas más cómodo con tu don, no necesitarás hacerlo tan a menudo porque te apoyarás más en otras herramientas y prácticas de sanación.

Si eres sensible al humo y al olor, es probable que debas buscar otras herramientas de curación que te beneficien más.

Sal y agua

La sal es un elemento de conexión a tierra increíblemente poderoso y tiene la capacidad de devolver la energía a su estado original. Muchas personas usan agua salada tibia para limpiar sus cristales y piedras, ya que estos tienen la capacidad de absorber energía y aferrarse a ella. La sal y el agua deben utilizarse en la mayoría de los cristales y piedras con el fin de mantenerlos en el equilibrio a medida que trabajas en tu propio balance. Solo necesitas hacer esto de vez en cuando, pero es útil saber que además de usar agua salada en tus cristales, puedes usarlo en ti mismo para lograr los mismos resultados.

El agua es un poderoso agente limpiador. Nos bañamos en ella, lavamos nuestra ropa y nuestros platos, y la bebemos para mantenernos hidratados y también para eliminar lo que ya no necesitamos en nuestros cuerpos. El agua también puede funcionar como una herramienta de limpieza para tu energía general y usarla junto con la sal puede brindarte una poderosa experiencia de curación y limpieza.

Puedes tomar un baño de agua salada caliente al final de un largo día y limpiar toda la energía recolectada y no deseada a la que te hayas conectado o llevado contigo. Al final del baño, puedes liberar esa energía por el desagüe y conscientemente verla partir, permitiendo que tenga lugar una limpieza energética completa.

Ya sea que la estás utilizando para limpiar la energía de sus cristales y piedras o la emplea para limpiar la energía, la sal y el agua se reúnen para realizar una limpieza de gran alcance, de puesta a tierra y brindar una experiencia curativa

Sol y tierra

El poder del sol sobre tu piel casi siempre puede hacerte sentir mejor. En una mañana brillante y soleada, salir y dejar que los rayos del sol brillen en tu rostro, cerrando los ojos y disfrutando del calor de esa luz amarillo-naranja, puede transformar tu energía. Además, el poder de estar afuera en la naturaleza tiene un impacto positivo en tu energía y te brinda solidez. Sentarte afuera con un poco de sol en tus mejillas es una herramienta espiritual poderosamente curativa, y no te cuesta nada más que un poco de tu tiempo.

La luz del sol y la energía de la Tierra son excelentes herramientas para los empáticos. Los empáticos necesitan pasar tiempo cerca de la naturaleza para recargar sus baterías. Ciertamente, todos podríamos usar un poco más de tiempo al aire libre y en la naturaleza y una vez que reconozcas que eres un empático, puedes encontrar que este tipo de experiencia se sentirá diferente para ti, especialmente si estás usando tu tiempo en la naturaleza para sanar y realmente estás disfrutando de su belleza desde una perspectiva de sanación y equilibrio.

No todos los días son brillantes y soleados, pero aún puedes disfrutar de la poderosa calidad de la energía de la Tierra mientras buscas herramientas que te sirvan de apoyo en tu viaje como un empático.

Por la luz del fuego

Al igual que el calor del sol, el elemento fuego es una manera de reconectarte con tu propio fuego y energía interior. Los empáticos pasan mucho tiempo conectándose con todas las demás energías que los rodean, especialmente cuando les resulta difícil mantenerse equilibrados y conectados a tierra. Mirando el fuego de una vela encendida o encendiendo el fugo de una chimenea o en el patio trasero, puedes conectar fácilmente con tu propia energía.

El fuego es limpieza y también puede ayudar a liberar y dejar de lado las energías no deseadas, emociones, experiencias y los sentimientos propios o ajenos que han sido acumulados o experimentados.

Escribe en una hoja de papel todas las cosas que desea liberar de su energía. Deja que el fuego consuma el papel, tenga mucho cuidado y tome precauciones de seguridad cuando uses el fuego como herramienta de curación. Puedes hacer esto con tanta frecuencia como desees pero el acto de escribir físicamente tus preocupaciones, sentimientos, o tragedias en una hoja de papel y dejar que se queme en el fuego es una forma increíblemente útil de liberar ciertas energías.

Meditaciones y afirmaciones

El poder de la meditación no es un secreto; Se ha utilizado transculturalmente desde los albores de la aceptación de la espiritualidad por los seres humanos. La meditación simplemente es un acto de encontrar un momento tranquilo para conectarte contigo mismo a través de la reflexión pacífica. Puedes encontrar un montón de reglas, pauta o instrucciones en la web para aprender la forma "correcta" de hacerlo pero en realidad no hay una manera correcta o incorrecta de meditar.

Todo lo que necesitas es tiempo, espacio y la voluntad de profundizar en ti mismo y escucharte. ¡Eso es todo! La meditación impacta en tu energía y en cómo te aferras a todo lo que no necesitas. Muchos pensamientos y emociones pueden surgir mientras cierras los ojos y miras a tu interior; déjalos surgir. La mejor manera de entender lo que realmente está dentro de ti es escuchando tus propios pensamientos y sentimientos e identificando lo que necesita ser liberado o limpiado.

Una vez que identifiques lo que necesita liberarse, podrías encintar esas afirmaciones que puede ayudarte a dejar ir los pensamientos, ideas y emociones que podrían estar frenándote. Las afirmaciones son declaraciones simples y concisas que te ayudan a lograr una mejor conciencia de ti mismo así como un crecimiento personal, tomando en cuenta lo que necesitas sanar, a través de la meditación podrás saber cómo crear tu afirmación.

Las afirmaciones son declaraciones positivas que te ayudarán a identificar tus necesidades. Aquí están algunos ejemplos:

- Estoy dispuesto a dejar ir lo que no me pertenece.

- Soy una poderosa fuente de amor, y acepto mi sensibilidad a las necesidades de otras personas.

- Estoy explorando cuidadosamente mi decisión de despertarme a mi propósito como empático.

- Disfruto sintiendo y percibiendo las cosas con tanta fuerza.

- Tengo la capacidad de disfrutar este regalo sin dejar de lado lo que realmente soy para las necesidades de los demás.

Practicar la meditación y la afirmación te ayudará a experimentar una mayor autoconciencia y también te ayudará a mantenerte firme, abierto y claro a tu propia energía a medida que exploras y experimentas relacionarte con los demás.

Visualización creativa

Explorar su "ojo interno" puede aumentar tu capacidad de ver más claramente lo que otros no quieren ver. La visualización creativa es otro tipo de meditación y tiene un impacto en tu capacidad para conectarse con tu propia energía y viaje espiritual.

La práctica de visualizar no es tan difícil parece, solo requiere imaginación y el deseo de mirar las cosas con los ojos cerrados. Después de mejorar en estas habilidades, podrás visualizar con los ojos abiertos.

Cierra los ojos e imagina un objeto en tu mente. El objeto puede ser lo que quieras. Asegúrate de ver sus detalles: ¿de qué color es? ¿Forma? ¿Textura? Tenlo en mente y continúa desarrollando detalles hasta que puedas "verlo" completamente en su mente. Practica esto regularmente y visualiza unas diferentes cosas. Puede comenzar viendo paisajes, edificios, grupos de personas, animales, cualquier cosa que surja tendrá importancia o significado para ti.

Cuando mejoras en el uso de tus habilidades de visualización creativa, puedes emplearlas para ayudar a protegerte de energías no deseadas. A veces, cuando estás conversando con alguien, puedes comenzar a sentirte agotado por su energía. Utiliza la visualización en esta situación e imagina un escudo de luz a tu alrededor. Haz que sea un color que te proteja. También puedes imaginar una cortina transparente, como una manta que cuelga entre tu ser y la energía de la otra persona. Esto puede ayudarte a sentirte protegido de su energía pero manteniendo la capacidad de participar en la conversación.

La visualización creativa tiene muchas aplicaciones, y a medida que explores tus dones empáticos, puedes encontrar que es útil en más de un sentido.

Limpieza de energía para ti mismo y para otros

Ahora que tienes una mejor comprensión de las herramientas de curación espiritual y cómo usarlas, puede aprender más sobre los principios de limpieza de energía y cómo se ve realmente. Muchas personas ya han comenzado a experimentar algunos de los conceptos e ideas detrás de la limpieza de energía y cómo funciona a partir de la práctica de ciertas filosofías orientales. Desde su llegada a Occidente, el yoga ha sido una herramienta increíblemente exitosa para que las personas tomen conciencia de su cuerpo, respiración y energía.

También hay otras prácticas corporales y espirituales que profundizan en los conceptos de nuestro sistema de chakras y por qué necesitamos mantenerlo equilibrado. Todos tenemos energía y esta se organiza de cierta manera en todo nuestro cuerpo y en el espacio que lo rodea.

Tu cuerpo tiene 7 chakras principales, que comienzan en la base de su columna vertebral en el hueso de la cola y van hasta la coronilla. Cada uno de estos chakras tiene una cierta calidad de energía y cuando están desequilibrados, congestionados o bloqueados, pueden causar problemas para tu equilibrio energético general. Los chakras están directamente vinculados a tu capacidad para desempeñarte como una fuerza vital energética totalmente funcional y necesitan ser tratados y curados con la misma atención que pueda requerir tu cuerpo físico.

El chakra raíz está en la base de la columna vertebral. El segundo, o chakra sacro, está justo debajo del ombligo. El chakra del plexo solar está sobre el ombligo y justo debajo de las costillas. El chakra del corazón está conectado al corazón. El chakra de la garganta está en la base del cuello. El chakra de la frente, o "tercer ojo", está justo arriba y entre las cejas y el séptimo, o el chakra de la corona está en la coronilla de la cabeza.

Cada uno de estos chakras tiene un fuerte impacto en tu bienestar físico, mental, existencia y emocional. A medida que estos centros de energía trabajan para funcionar normalmente, pueden recoger las energías de otras personas, lugares y cosas sin su conocimiento consciente. Como empático es importante comprender el sistema de chakras para que entiendas mejor cómo limpiar y sanar tu propia energía.

Tus auras también están vinculadas a los chakras de tu sistema. Cada chakra emite directamente una capa de su campo áurico para que el aura del chakra raíz esté más cerca de tu piel y el chakra de la corona esté más alejado de tu cuerpo, a veces, hasta a dos pies de distancia.

A medida que comienzas a entender estos conceptos, puedes ver cómo un empático tiene la capacidad de adquirir fácilmente la energía de otro. Al estar tan abierto a la energía de cualquiera, ya que se extiende 12-24 pulgadas de distancia de su cuerpo, no es de extrañar que seas capaz de tomar también sus pensamientos, sentimientos y emociones. La mejor manera de comprender esto es trabajar en primer lugar en la curación y la comprensión de tu propia energía a partir de esta perspectiva y luego aprender a reequilibrar continuamente, actualizar y centrar los centros de energía de tu propio cuerpo.

Todas las herramientas mencionadas en la última sección pueden ayudar con este proceso, especialmente cuando se usan regularmente y combinadas. Con el tiempo, comenzarás a ver resultados importantes en tu energía y a notar su buen funcionamiento También tendrás una mejor entendimiento de cuándo tu energía está fuera de control porque tendrás una mejor comprensión y conciencia de cómo funciona.

Los bloqueos de energía en los chakras son algunas de las razones más comunes por las que las personas tienen trastornos de personalidad, problemas de salud mental y emocional e incluso dolencias físicas como dolores de cabeza crónicos o fatiga, úlceras y resfriados o enfermedades frecuentes.

Realmente no puedes limpiar la energía de otra persona sin su permiso. Sin embargo, si estás cerca de alguien y encuentras que estos métodos funcionan para ti, puedes ayudarlos mostrándoles lo que sabes sobre los chakras y usando herramientas de limpieza de energía como las enumeradas en la última sección. Siempre puedes proteger tu energía. Sin embargo, encontrar un método o rutina que funcione mejor para ti es imprescindible. Tu rutina puede cambiar y evolucionar con el tiempo, ¡y eso está bien! Comienza ahora con lo que sientas que es beneficioso para ti.

Algunos chakras pueden necesitar más atención que otros. Unos serán menos problemáticos en general a lo largo de tu vida, mientras que otros parecerán necesitar limpieza constante. Cuanto más conozcas tu propia energía, aparte de la de otras personas, podrás leer mejor en estos sentidos y saber cómo ayudar a liberar cualquier cosa que esté atascada o bloqueada.

Practica la limpieza de energía con cualquiera de las herramientas que se enumeran en este capítulo. También puedes tener algunas otras herramientas que agregar a la mezcla. ¡Se creativo y diviértete con ello! Haz que tu rutina de limpieza y energía sea tan única como tú.

Prácticas de conciencia y atención plena

Ya has aprendido en el Capítulo 3 acerca de cómo la autoconciencia puede ser un beneficio para ser un empático y algunas preguntas que puedes hacerte para crear más conciencia. Esto también es una excelente manera de crear equilibrio y sanarte a ti mismo. Es un beneficio y una herramienta que ayuda a la alineación con tu energía y mantenerte conectado a otras personas que puedan afectar tu energía.

A veces, en la vida, tenemos que enfrentar muchos desafíos y situaciones diferentes; simplemente van con el hecho de ser humanos y vivir aquí en la Tierra con otras personas. Tener un trabajo, una casa, una familia y amigos, facturas y todo lo que implica tener una vida normal puede crear todo tipo de desafíos y experiencias interesantes, valorando y apreciando todos estos momentos, incluso cuando son difíciles.

Los empáticos pueden tener una experiencia aún más incómoda o intensa cuando se ocupan de estos asuntos y tienen otro nivel de detección más allá de lo que se aprecia a simple vista. La conciencia es una excelente herramienta para mantenerte a flote en tiempos difíciles o durante relaciones o conversaciones complicadas. Cuando entras en un mundo de conciencia, estarás en mejores condiciones de manejar toda la energía involucrada para que no te abrume ni te descomponga.

La conciencia conduce a la atención plena y esta es solo otra forma de meditación. Trabajar en los asuntos de la vida de una manera consciente, te ayudará siempre a llegar a donde necesitas ir y cuando los demás congestionan tu energía, a crear consciencia sobre esto y regresar conscientemente a tu equilibrio interno puede mantenerte firme y seguro en tus experiencias.

Al igual que la meditación, esto requiere la capacidad de ver con claridad y escuchar profundamente. A diferencia de los principios de la meditación, la atención plena se puede practicar en medio de cualquier situación o momento. Requiere que prestes mucha atención a ti mismo (autoconciencia) y a los demás o al medio ambiente para que puedas abordarlo conscientemente sin dejar que cambie tu energía de lo que quieres a otra cosa.

La atención plena se puede practicar y mejorar con el tiempo. Se deriva del proceso de autoconciencia y la observación cuidadosa de todo lo que ocurre en el momento. Trabajar con esto como una herramienta para ayudarte a mantenerte equilibrado y claro te dará una experiencia más poderosa como empático.

Pasos para una meditación de equilibrio y conexión a tierra

Ahora que comprendes muchas de las herramientas que pueden usarse para ayudar a mantenerte equilibrado y limpio enérgicamente, puedes comenzar a darte más libertad para ser tu mismo y fijar límites más saludables con otras energías a las que podrías estar propenso a recolectar y experimentar.

Los siguientes pasos para una meditación de equilibrio y conexión a tierra te darán una idea de un método simple que puedes comenzar hoy para brindarte mayor limpieza energética y balance. Puedes modificarlo como mejor te parezca e incorporar las herramientas que te parezcan adecuadas. Esta meditación incluirá la conciencia, la visualización creativa, cristales y humo. Puedes decidir que te gustaría modificar esta meditación al realizarla en un baño de sales o recostarse afuera en la hierba bajo el cálido sol. También puedes realizar esta meditación en un lugar tranquilo de tu hogar.

Meditación de equilibrio y conexión a tierra:

1. Enciende tu salvia u otro palillo de mancha y déjalo humear por un momento. Agítalo alrededor de tu cuerpo y del lugar donde te acostarás para la meditación. (Puedes apagarlo o dejar que se consuma durante tu meditación).

2. Procede a tumbarte en el suelo, sobre una cama o un sofá para que estés en una posición cómoda para tu espalda. Coloca una almohada debajo de las rodillas si necesitas apoyo para la parte baja de la espalda.

3. Usando uno o más cristales y piedras curativas, colócalos en tu chakra del corazón, chakra del tercer ojo y chakra de la raíz (en el caso de la piedra del chakra de la raíz, puedes descansarla en tu hueso púbico o moverla más abajo para que esté lo más cerca posible de tu raíz, en la parte superior de los muslos). Si solo tienes un cristal, colócalo donde quiera estar; usa tu intuición para colocarlo correctamente.

4. Cerrando los ojos, inhala y exhala, relajando tu cuerpo. Trae conciencia a tu cuerpo y siente dónde hay tensión. Liberar cualquier tensión que puedas estar acumulando en tu cuerpo y relájate totalmente.

5. Presta atención a los sonidos de la habitación, la casa o el exterior, mientras mantienes los ojos cerrados. Lentamente aleja tu enfoque del mundo exterior y llévalo nuevamente a tu cuerpo. Observa cómo se sienten los cristales descansando en tus chakras. Nota cualquier hormigueo, contracciones nerviosas, o sentimientos de vibración que pudiera surgir. Presta atención a las señales de tu cuerpo y deja que salga a la superficie todo lo que necesites.

6. Manteniendo los ojos cerrados, comienza a visualizar los chakras en tu cuerpo. Ve tu energía y cómo se mueve, o no se mueve, dentro de ti. Deja que surjan las imágenes que quieras. Puede comenzar a ver cosas que no tienes la intención de imaginar, pero que aparecen.

7. Mientras continúas respirando y relajando su cuerpo, visualiza tu mano moviéndose hacia cualquier chakra que parezca congestionado o bloqueado. Con tu mano imaginaria, recoge cualquier pieza de energía u objeto sombrío que parezca que está bloqueando tu chakra. Mírate a ti mismo alejándolo de tu cuerpo y tirándolo lejos de ti. Puedes repetir esto con cualquier chakra que parezca que necesita atención.

8. Ahora, visualiza todos tus chakras nuevamente y ve cómo se mueven y se sienten. ¿Se ven más abiertos, más activos? ¿Son más coloridos? Hay alguna sensación nueva en tu energía?

9. Continúa respirando profundamente y relaja tu cuerpo por un tiempo.

10. Cuando estés listo, siéntate y vuelve a encender tu incienso o palillo de mancha y limpia el aire a tu alrededor, soltando y liberando por completo cualquier energía que hayas "extraído" de tu sistema. Ahora estás conectado a tierra y limpio.

Esta meditación es una versión simple de algo sobre lo que puedes comenzar a crear. Esto será único para ti y a medida que lo practiques más, mejor será tu conexión a tierra y limpieza. Cada vez que lo hagas, será una experiencia completamente diferente, según lo que necesite conexión a tierra y limpieza. Algunas personas encuentran que es útil llevar un diario o un registro de sus prácticas de meditación para procesar mejor las emociones, pensamientos y efectos visuales que pueden surgir cuando se hace este tipo de meditación.

Experimentando y explorando, ¡encontrarás una nueva forma de abrazar tu vida como empático!

Capítulo 5: Cómo evitar que la energía no deseada influya en ti como empático

Bienvenido a un nuevo nivel de comprensión de tu regalo. El viaje hasta ahora te ha mostrado gran parte de lo que significa ser un empático, algunos de los problemas y desventajas comunes de tener este don, los gloriosos beneficios que pueden resultar de involucrarte de forma saludable con tus habilidades y capacidades, y qué tipo de herramientas de sanación podrían ser útiles para mantenerte energéticamente limpio y conectado a tierra.

Este capítulo ofrecerá algunos ejemplos más prácticos de cómo puedes evitar que las energías no deseadas influyan en ti. Puede esto sea nuevo para ti, o que ya tengas una noción de cómo aplicar estas herramientas; De cualquier manera, aprender a disfrutar su experiencia de vida como empático sin dejar que otras energías lo influyan será de gran importancia en su viaje.

Una vez que comiences a practicar los métodos del capítulo anterior para mantenerte conectado a tierra y limpio, tendrás la capacidad de prepararte para lo que ocurrirá cuando te encuentres todas las energías de las que quieres protegerte. Comenzar conectándote a tierra es una excelente manera de empezar. Preparándote con una meditación de conexión a tierra para comenzar el día, mantendrás tu verdadera energía y vibrarás en niveles altos, haciendo que sea más difícil descomponer tu energía cuando tengas ciertos encuentros.

Sin embargo, siempre hay esos momentos intensos o personas que puede cambia tu energía y hacerte cuestionar o dudar de lo que piensas o sientes en ese momento. Practicar el uso de estas herramientas y métodos en dichos momentos puede ser muy útil y deberías emplearlos en cualquier manera que resulte viable para ti en esas situaciones.

Cuando otras personas son negativas: formas de protegerte

La negatividad nos rodea todos los días. La gente muestra sus emociones y van llevando sus preocupaciones consigo. Todos estamos luchando con algo en algún momento de nuestras vidas, y cuando nos sentimos agobiados por ello, puede resultar muy evidente a nivel energético. Muchas personas no se dan cuenta de lo negativos que están siendo porque es la forma en que viven durante la mayor parte de sus días, incapaces de transitar a través de los dolores emocionales o tragedias y manteniéndose en ese ciclo de pensamientos y emociones.

Los empáticos son especialmente sensibles a las personas negativas en sus vidas y son aún más susceptibles a recoger la negatividad que desprenden esos individuos. No son malas personas ni merecen ser rechazados por la calidad de su energía; con frecuencia, solo están pasando por un momento desafiante en el viaje de su vida, y todo lo que puedes hacer es sentir compasión por ellos.

Como un aspecto necesario, un empático tendrá que protegerse de la negatividad no deseada, incluso de amigos cercanos, familiares y seres queridos, y esto puede ser un reto, especialmente si quieres ayudar a que se sientan mejor. Antes de intentar hacer que una persona negativa se sienta mejor, debes protegerte. Puedes usar cristales y piedras que llevas contigo, o realizar afirmaciones o meditaciones simples para mantenerte conectado antes de entablar una conversación con dicha persona.

Resulta útil crear consciencia de esto previamente. Al reconocer que la otra persona está de mal humor, ya te estás protegiendo de su energía, sabiendo que aún puedes ser un amigo, pero que no necesariamente debes llevar su carga contigo.

No todos los encuentros con personas negativas son con aquellos que amamos. A veces se trata de un compañero de trabajo o un jefe que siempre parece estar de mal humor y no tienes más remedio que estar cerca de ellos en virtud de su relación profesional. Tener que estar cerca de alguien con esa actitud todos los días puede ser horrible para cualquiera, especialmente para los empáticos.

Cuando estás en la oficina, puedes mantenerte conectado a tierra mediante el uso de algunos de sus afirmaciones, la atención, la conciencia y las herramientas de meditación con el fin de prepararte para los encuentros que sabes van a suceder, como por ejemplo, asistir a una reunión o una consulta con la persona involucrada.

Puedes ser sorprendido con la guardia baja por un encuentro con ellos y sentirte débil o agotado por su energía en ese momento; esta sería una excelente oportunidad para practicar la atención plena y la autoconciencia. Incluso puedes repetir en tu mente una afirmación que utilizar para mantenerte conectado. Asimismo puedes crear una afirmación específicamente para esta persona con el fin de ayudar a sentirte capaz de llevar a cabo negocios con ellos afectado por su negatividad. (Ejemplo: Sé que Bill está bajo presión y su presión no me pertenece. Puedo explicarle mis necesidades a Bill sin preocuparme de cómo reaccionará porque siempre reacciona así y eso no es mi culpa ni mi preocupación).

Mantener cristales en el lugar de trabajo podría resultar incómodo para algunas personas pero puedes llevar uno en tu bolsillo y aferrarte a él cuando esta persona se te acerca o puedes utilizarlo como joyas, anillos, pulseras o collares.

Otro método que puedes utilizar es trabajar con imágenes creativas para ayudar a mantenerte protegido de la energía negativa. Puede que sepas que esa persona está pasando por un mal momento y quieres ser comprensivo pero eso no significa que no puedas protegerte de su energía emocional. Imagina que hay una delgada caída de agua como una cascada o una cortina de agua fluyendo entre sus cuerpos. A través del agua, aun puedes verlo y escucharlo pero hay un elemento poderoso allí para absorber y eliminar cualquier energía negativa que pudiera alcanzarte.

Ser bueno en este tipo de visualizaciones puede requerir de más práctica pero es una poderosa manera de protegerte. También puedes percibir un animal guardián que se para o se sienta frente a ti y que tomará toda la energía negativa y será tu protector. Puedes ver un león o un oso. También puedes visualizar a tu amado perro o incluso un dragón gigante si lo deseas. La imaginación no tiene límites, excepto los que le ponemos. Se creativo imaginando como sería tu animal guardián y llévalo contigo a la sala de conferencias.

A medida que comiences a practicar la protección energética utilizando las herramientas del capítulo anterior, puedes comenzar a trabajar con ellas de manera práctica. Una de las mejores formas de practicar el uso de estas herramientas es en esas circunstancias cuando la energía o las emociones negativas de otras personas parecen llenar toda la sala. Siempre ten compasión y comprensión, mientras te proteges, te equilibras y te conectas a tierra. La mayoría de las personas ni siquiera son conscientes que un empático está parado justo frente a ellos y que este siente lo mal que se siente. Es por ello que aprender a protegerte de la energía es tan importante e incluso puede ser creativo y divertido.

Conexión a tierra: antes y después

Ya has aprendido acerca de cómo y por qué conectarte a tierra así ¿cuándo debes hacerlo? Cada empático es diferente y tiene distintos niveles de habilidad en su viaje particular por lo que es difícil decir que sería lo mejor para cada experiencia individual o cuando hacer algo. En principio, una buena regla para un empático con una gran sensibilidad a las energías de otras personas, la mejor manera de mantener un buen equilibrio para ti es conectarse *antes* y *después de* una experiencia o encuentro.

Ciertamente dependerá de la calidad de la experiencia que tenga o del tipo de persona que tengas delante. Es posible que no necesites conectarte antes o después de cada encuentro. Sin embargo, siempre serás un poco susceptible a involucrarte y conectarte con el campo energético de alguien. Si estas comenzando a explorar tus dones y estás aprendiendo las mejores maneras de manejar la energía no deseada, toma un tiempo y espacio para conectarte a la tierra antes de entrar en una situación, especialmente si ya sabes que será una experiencia difícil o desafiante.

Es posible algunos de tus amigos cercanos tengan mucho drama en su vida. Cada vez que pasas el rato con ellos, después te sientes agotado debido a lo fuerte que puede ser su energía para ti. Prepararse con anticipación puede hacer que sea una experiencia más fácil para ti y también puedes llevar contigo los cristales protectores para brindarte una conexión a tierra y protección adicionales. Tus amigos ni siquiera necesitan saber que tienes una piedra de protección contigo: no se trata de su energía, se trata de la tuya.

Puede ser útil, a medida que te separas de ellos, crear un momento para conectarte creando consciencia de ti mismo en torno a tu energía. Aprovecha y aprecia cómo te sientes. Pregúntate si hay algo que debas hacer para limpiar tu energía después de salir con tus amigos. Puede ser tan simple como decir afirmaciones en tu automóvil o conducir al parque cercano para relajarte en el césped y conectarte con la energía de la Tierra. De cualquier forma que te guste conectarte, puedes llevarla contigo y utilizarla según sea necesario mientras transcurre el día, exploras y experimentas con tus relaciones.

También es útil tomarte un tiempo para conectarte diariamente. En vez de conectarte a tierra antes y después de una situación o encuentro, considéralo como conexión a tierra antes de comenzar el día y después de terminarlo. Incorporar algunas de las técnicas y herramientas que has aprendido en tu rutina de la mañana puede ayudarte a empezar el día equilibrado, lleno de energía, protegido y conectado a tierra. Al final del día, después de varias situaciones y encuentros, puedes realizar otra rutina para ayudar a realinearte con tu energía. Toma un baño de sal caliente y media para regresar a tus niveles normales de energía o siéntate en tu patio trasero con una taza de té o agua y disfruta conscientemente del final del día a medida que se convierte en noche.

Tienes el poder creativo para decidir cómo conectarte. Elegir cuándo hacerlo depende de ti y cuanto más lo hagas, mejor te sentirás. Prueba la regla Antes y Después para ayudarte a crear un poco de estabilidad y equilibrio en tu vida diaria.

Comunicar los límites

Esto puede parecer obvio, sin embargo, para muchos empáticos, ser honesto y directo sobre sus necesidades puede resultar desafiante por el deseo de hacer que otras personas se sientan felices y acogidas. Es posible que hayas tenido dificultades para establecer límites en sus relaciones en el pasado y esto ha influido negativamente en tu energía. La parte más difícil de establecer un límite es sentir la reacción de la otra persona, y para un empático, esto es lo que desea evitar: causar molestias en los demás para que no tenga que *sentirlo*.

Los empáticos tienen que aprender a comunicar sus propias necesidades para trabajar con su don de una manera saludable, evitando que la energía no deseada influya en ellos. Entonces, ¿cómo creas límites con las personas en tu vida, especialmente cuando ya les has demostrado que tienes tan pocos?

La respuesta a eso es única para ti y tu situación, pero aquí puedes aprender algunas pautas simples a seguir para ayudarte con una comunicación clara y veraz que te permitirá mostrar a los demás los límites que necesitas establecer en tu vida.

<u>Comunicar los límites claramente: reglas y pautas simples:</u>

1. **Sé directo.** Sé abierto a cualquier persona con la que hables, utilizando un lenguaje honesto y claro.

    Ej.: Esta bien que llegues tarde en algunas ocasiones pero no me parece bien que llegues tarde siempre.

2. **Usa palabras de sentimiento para expresarte.** Utilizar la palabra "siento "cuando hablas con alguien permite dar a entender que tienes emociones que necesitan ser valoradas y respetadas.

Ej.: Me siento incómodo contigo porque no escuchas nada de lo que digo y me cortas cuando estoy hablando. Me entristece que no quieras escuchar lo que tengo que decir.

3. **Estar dispuesto a asumir el compromiso.** A veces, cuando te comunicas claramente con una persona y te abres respecto a tus necesidades, esta persona comienza a compartir las necesidades que no comunicó anteriormente. Esto puede llevar a una conversación entre ustedes para ayudarlos a llegar a una forma más apropiada de pasar tiempo compartido.

Ej. :
Persona A: Cuando no respetas mi tiempo, me hace sentir rechazado.
Persona B: Siempre pareces no estar interesado en pasar tiempo conmigo y me siento dejado de lado.
Persona A: Te aclararé cuando pueda pasar tiempo y comunicarme contigo y cuando no pueda hacerlo
Persona B: Seré más consciente de tu tiempo personal y que puedes necesitar estas solo con más frecuencia

4. **Se honesto.** Puedes estar inclinado a proteger los sentimientos de otra persona a expensas de tu energía o sentimientos. A medida que pase el tiempo, esto puede impactar negativamente en tu energía. Elija afirmaciones que reflejen con honestidad como eres y qué requieres de las situaciones.

Ej.: Estoy cansado y hambriento y este no es un buen momento para hablar.

5. **Expresar interés en el punto de vista de una persona sin hacerlo tuyo.** Los empáticos son muy agradables, incluso cuando están en desacuerdo, y esto

puede causar problemas más adelante, especialmente cuando necesitan establecer un límite con una persona. Permitir que otros tengan un punto de vista mientras mantienen el tuyo es una buena manera de establecer límites.

Persona A: Bueno, creo que deberíamos ir a esta fiesta y ver si podemos divertirnos más esta noche.

Persona B: Estoy de acuerdo en que deberíamos divertirnos más esta noche, sin embargo, siento que necesito ir a casa y descansar, quiero divertirme en casa.

Los límites son esenciales para un empático y no se pueden crear límites sin una comunicación adecuada. El arte de la comunicación es una habilidad que todas las personas deben conocer y practicar, y en el caso de ser un empático, puede hacer una gran diferencia en la forma en que inviertes tu tiempo y energía. Los límites adecuados, incluso con las personas más cercanas a nosotros en nuestras vidas, son el camino para asegurarse de mantener una relación sana consigo mismo, su energía y otras personas y sus energías.

Puedes utilizar la comunicación de los límites como una herramienta para ayudarte a gestionar tu propia energía y la capacidad de mantenerte alejado de la energía no deseada de los demás. Es probable que debas enfrentar algunos momentos incómodos y decirles a las personas lo que no quieren escuchar, pero esto te ayudará a abrir tu relación con tu don como empático y a empoderarte como una persona con poder de decisión. Puedes optar por liberarte de situaciones incómodas con otras personas mediante una comunicación clara y estableciendo límites efectivos y conscientes.

Todos los conceptos y técnicas en este capítulo sirven como guía y herramientas para ayudar a prepararte ante situaciones en las que te sientes sometido a energía no deseada. Utilízalas según sea necesario y practícalas con frecuencia. No tienes que ser un empático para encontrar utilidad en estas herramientas, pero para el empático, son una excelente forma de ayudarse a mantener la conexión a tierra, protegerse y empoderarse de su propia energía

Capítulo 6: Espacio y tiempo de calidad

La energía es el quid de todas las sensibilidades y problemas que pueden surgir para los empáticos. Existe la energía alta y baja, así como las vibraciones positivas y negativas. Los empáticos que no entienden este concepto tendrán dificultades para correlacionar por qué se sienten de cierta manera cuando les gustaría sentirse de otra. Cuando examinas los conceptos asociados con el funcionamiento de tu energía y cómo siendo humanos estamos en un constante intercambio de energía con las cosas que nos rodean, podrás comenzar a comprender desde una perspectiva más profunda y amplia cómo funcionan las personas en el mundo y lo que genera nuestras tragedias y alegrías personales.

El empático experimenta el mundo que le rodea, leyendo o sintiendo las energías. Todas las personas hacen esto en cierto nivel, pero para los empáticos es una experiencia visceral y diaria que no pueden ignorar. La percepción de cómo la energía de otras personas podría estar influyendo en tu vida es una de las formas en que un empático puede abrirse a lo que otras personas están viviendo, y también puede consumir mucha energía.

Como has leído en los capítulos anteriores, existen diversas formas en las que puedes protegerte, anclarte a tierra y limpiar tu energía para sentir a plenitud tus propios deseos, necesidades, emociones y energía personal. Las herramientas que has leído son distintas formas de manejar una avalancha diaria de energía no deseada de personas o situaciones que no pueden evitarse debido a la necesidad de trabajar y vivir en el mundo.

Para muchos, la necesidad de soledad o tomarse un espacio tiene su propia forma de protección y rejuvenecimiento. Para el empático, esto es con frecuencia un componente vital y necesario de la vida y muchos empáticos buscan un tiempo tranquilo a solas, alejados de sus amigos, seres queridos, y compañeros de trabajo con el fin de sentirse renovados

En este camino de comprensión de tus dones y habilidades, es posible que te des cuenta de algunas de las formas en que te das este tiempo y espacio para reflexionar y reponerte. ¿Estás obteniendo el tiempo que necesitas para recargar tu energía? ¿Eres capaz de tener un lugar seguro o santuario en tu hogar para tomar tus pensamientos y estar solo? ¿Te sientes abrumado y agotado por demasiadas actividades y planes sociales? ¿Tus relaciones son incómodas a veces porque nunca puedes hacer nada solo?

Muchas dinámicas de relación son un desafío para los empáticos debido a su necesidad de espacio y tiempo. Hay lecciones que aprender en todas las relaciones y cuando trabajes con tus habilidades para sentir los sentimientos de otras personas, tendrás que aprender más sobre cómo algunas relaciones pueden necesitar menos tiempo de lo que piensas. ¿Dónde te sientes mejor en tus relaciones? ¿Te están dando lo que quieres, necesitas o mereces? ¿Hay personas en tu vida que siempre te hacen sentir diferente de lo que quieres sentir?

Si eres empático, vale la pena hacerte estas preguntas. En este capítulo, aprenderás más sobre la realidad de por qué necesitas más tiempo a solas que otras personas. Verás cómo la calidad del espacio y el tiempo que puedes ofrecerte tiene un impacto enormemente beneficioso en tu bienestar general y estado de ánimo. También descubrirás cómo puede funcionar para tus relaciones y cómo descubrir las formas más saludables de disfrutar relaciones compatibles y equilibradas mientras exploras y honras tus habilidades empáticas.

Por qué deberías limitar el tiempo con otras personas o grupos

A medida que has leído estas páginas, ¿has notado un punto en común? Los empáticos necesitan apartarse de la energía de otras personas. Ya sea a través del uso de herramientas para eliminar la energía no deseada que se siente "acumulada" luego de su tiempo juntos, o si estás definiendo límites respecto al tiempo que pasas con alguien, estos son algunos métodos para ayudar al empático a distanciarse de la energía que reciben de otras personas, grupos y lugares.

Ocurre un cambio significativo en los sentimientos cuando un empático entra en una habitación de personas que acaban de tener una gran discusión. Muchas personas pueden entrar a la misma habitación y sentir que algo está "extraño ", mientras que otras no perciben nada en absoluto. Para un empático, la habitación está llena de incomodidad y una potente energía negativa. Al darte cuenta de cómo tu energía es tan fácilmente afectada por la energía no deseada de los demás, tendrás que tomar suficiente tiempo y el espacio de otras personas para poder experimentar tu propia conexión, claridad y balance energético con regularidad.

A medida que mejoras tus habilidades de protección y conexión a tierra, puedes prepararte mejor para esos momentos desafiantes cuando entras percibes la incomodidad que otras personas dejaron en una habitación, pero no siempre podrás protegerte por completo. Algunas energías son tan fuertes e incómodas que tendrás que manejar tus sensibilidades y conectarte a tierra.

Muchos empáticos luchan por mantener un equilibrio saludable a medida que se abren más a su realidad y a lo que hace que sus sentimientos y emociones cambien mientras están cerca de una persona, un grupo o incluso un entorno o espacio. La pregunta es: ¿qué puedes hacer para ayudarte a ser más positivo en tu energía?

Limitar el tiempo y el espacio con los demás puede parecer una trágica elección de vida. Después de todo, todos necesitamos de otras personas, queremos sentir amor y apoyo de nuestra comunidad y compañero y todos necesitamos establecer conexiones con todas las personas en nuestras vidas, sin importar cuán intensa pueda ser su energía para ti. Por otro lado, los empáticos encuentran mucho placer y paz en el tiempo y el espacio para estar a solas. La razón de esto es que pueden tener más control sobre la energía que sienten y la calidad de la energía en el entorno o el espacio en el que se encuentran.

Por ejemplo, en el lugar de trabajo, sentado en una oficina en un escritorio bajo luces fluorescentes durante 8 horas, 5 días a la semana, mirando la pantalla de una computadora y recibiendo llamadas telefónicas. La energía del lugar es un desafío para ti debido a la iluminación, las actividades en las que tienes que trabajar y a la energía de todas las personas en la oficina. Durante todo el día, trabajas duro para escudarte y protegerte de la calidad de la energía del trabajo; pero necesitas el trabajo ¿cierto?

Al final del día, algunos de tus compañeros de trabajo te invitan a tomar bebidas y aperitivos, para pasar más tiempo compartiendo y conversando del día del trabajo o hablando sobre el jefe. Esta es la última cosa que quisieras hacer. Los empáticos son significativamente más propensos a ir a donde pueden recargar sus baterías después de haber estado fuera de su zona de confort energético durante tanto tiempo. Para un empático, encontrar un santuario es mejor que cualquier cóctel post-trabajo en el bar local. Eso no quiere decir que los empáticos no disfruten pasar un buen rato; ¡lo hacen! Pero en este caso, después de pasar horas de la jornada laboral, absorbiendo la energía del grupo de personas en la oficina, lo más probable es que estés interesado en descansar y recuperar tu energía.

La mayoría de las veces, un empático se considera introvertido. La introversión es un rasgo de personalidad que describe a una persona que se inclina a entrar y enfocarse en sus pensamientos, sentimientos, etc. Lo opuesto a eso es la extroversión; personas que buscan estímulos externos y pasan menos tiempo de calidad en estados de ánimo o períodos reflexivos. Los introvertidos necesitan silencio y soledad para recargar sus baterías; los extrovertidos necesitan estimulación, actividad, los grupos y el contacto humano. El mundo está lleno de ambos y ciertamente puedes ser un empático extrovertido.

Sin embargo, los empáticos tienden hacia la introversión y como tal, con más frecuencia que los extrovertidos, buscan oportunidades para encontrar el lugar y las personas correctas en el momento adecuado para sentirse en equilibrio con su necesidad de estar solos y reflexionar.

Tomemos otro ejemplo: en tu casa, compartes espacio con otro compañero de cuarto que tiene mucha energía intensa y dramática. En general, te preocupas por tu compañero de cuarto y disfrutas de su compañía, pero tienes que encerrarte con frecuencia en tu propio espacio de la casa para poder conservar tu energía. Tu compañero de cuarto tiene muchas personas que van a pasar el rato en tu casa, incluso cuando esperas más serenidad y paz. Sabes que tienes que compartir el espacio, juntos y que no es justo que le pidas a tu compañero de cuarto que limite el número de invitados o la frecuencia de las fiestas o reuniones.

También debes compartir el espacio y dejar en claro que necesitas un tiempo más tranquilo para disfrutar de la relajación y que requieres un compromiso equilibrado de ambas partes para seguir siendo compañeros de cuarto. Su compañero de piso puede no entender por qué tu deseo particular de tener horarios o reglas en casa para las fiestas e invitados, pero es necesario para fijar un límite en la manera de compartir el espacio, aunque esto signifique que tienes que explicar que eres sensible a los ruidos fuertes y la energía de las personas y que es difícil para ti tener tantos invitados varias veces a la semana.

Los empáticos necesitan un espacio y tiempo en el que no tengan que preocuparse o pensar en otras energías. Las personas también son una experiencia muy estimulante para un empático, por lo que incluso si decides unirte a la fiesta que tu compañero de cuarto está organizando con unos pocos invitados, es posible que solo puedas sentarte cómodamente con todos por poco tiempo antes de tener que retirarte a tu habitación, a tu propio espacio. Este tipo de sentimiento y comportamiento no es poco frecuente para los empáticos y sabrás que esto es cierto si eres un empático.

El tiempo y espacio son necesarios para que te sientas descansado y energizado, y siempre está bien pedir estas cosas o dártelas. Una y otra vez, descubrirás que a medida que expandes tu conocimiento sobre tu verdadera naturaleza y cómo se siente realmente vivir como un empático, reconocerás el valor y la virtud de pasar tiempo solo y en un espacio que se siente bien para ti.

Los espacios son otra energía poderosa en general y pueden transportar o retener muchos sentimientos. Los empáticos notan después de que alguien sale de una habitación, que su energía estaba triste o deprimida. Los empáticos también pueden percibir cuando entran a la casa de alguien para una cena que la pareja que los invitó a cenar tuvo una pelea pero están actuando como si estuvieran perfectamente bien. La energía flota en el aire y un empático la capta fácilmente, como un detective que resuelve un misterio, basándose solo en sus sentidos.

Si vives solo en tu propia casa o apartamento, entonces tienes un buen control de la calidad de la energía en tu espacio y sabes cómo mantenerla de la manera que deseas. Digamos que invitas a un amigo que no has visto en mucho tiempo y que tienes que ponerte al día. Tu amigo tiene mucho drama de qué hablar y habla la mayor parte del tiempo mientras escuchas. Después que tu amigo se va, sientes que la energía de tu sala de estar ha cambiado y la notas más pesada. La energía de tu espacio es significativamente diferente debido a la energía de tu amigo. Ahora ese sería un buen momento para sacar tu incienso o palillo de mancha y limpiar la energía de la habitación.

Los empáticos descubrirán esto a medida que avanzan por la vida y toman más conciencia de perfeccionar sus habilidades para detectar la energía, teniendo mayor capacidad para notar cuando las cosas han cambiado o las energías se han "apagado" para realinearlas. En algunos lugares no podrás limpiar o equilibrar la energía ni será posible hacerlo siempre con las personas con las que te encuentres, pero puedes cambiar tu propia energía conectándose y despejándote. Darte la cantidad apropiada de espacio y tiempo y limitar los períodos que pasas con otras personas, es una herramienta esencial para el empático.

Limitar tu tiempo con los demás no es algo malo, especialmente si necesitas espacio para reflexionar y rejuvenecer. Gran parte de tu tiempo de calidad a solas es una manera de conectarte más con tu propia energía y autoconciencia. Es una experiencia vital para cualquier persona crear tiempo y espacio para estos momentos de reflexión y para el empático representan lo necesario para tener una vida saludable y equilibrada.

Tiempo y espacio para la reflexión y el rejuvenecimiento.

Los empáticos necesitan mucho tiempo a solas, como leíste en la última sección. Lo necesitas para proteger mejor tu energía de la energía no deseada de los demás y para establecer y equilibrar todo su ser a fin de prosperar y experimentar la vida que se sienta mejor para ti. Brindarte un espacio de calidad y tiempo para reflexionar es una necesidad esencial para los empáticos y el rejuvenecimiento y la recarga que se deriva de estos momentos te beneficiarán enormemente.

La conexión con tu propia energía es la mejor manera de crear armonía en tu vida y con tantas otras energías a tu alrededor, puede que no siempre sea fácil o incluso se haga imposible. Por ello, con frecuencia debes crear el espacio y el tiempo para ti y cuando lo hagas será necesario que descanses y repongas tu energía.

Los empáticos buscan refugio de las energías no deseadas que permanecen a su alrededor o se conectan a ellos por períodos de tiempo más largos de lo necesario o deseado. Por supuesto, se pueden dar excepciones especiales, para los empáticos que eligen trabajar en campos profesionales donde su labor consiste en ayudar a otras personas con sus necesidades, pero todos los empáticos se beneficiarán de un merecido tiempo de reflexión y rejuvenecimiento.

En América no hay ningún médico que te diagnostique como empático y te recete descanso y relajación. Cualquier terapeuta que consultes probablemente comprenderá la posible causa de tu agotamiento energético y podría indicarte que eres empático pero es posible que no comprenda qué herramientas puedes utilizar o qué te beneficiará más en tu camino.

Teniendo en cuenta la cantidad de tiempo que todos debemos pasar en nuestros trabajos y en el mundo cumpliendo los deberes y ocupándonos de los asuntos de la vida, es lógico que nos permitamos la misma cantidad de tiempo para reflexionar y rejuvenecer. Lamentablemente, este no suele ser el caso. Nuestra cultura se preocupa muy poco del bienestar personal y pone más atención en rendimiento, la riqueza, y la propiedad. La posibilidad de declarar y efectivamente tomar tiempos específicos para reflexionar y recargar las energías es menos probable que ocurra en una sociedad que tiene tales demandas y, por lo tanto, todas las personas conscientes de su necesidad deben crear una oportunidad para ello.

La mejor manera para que un empático se conecte con sus propias necesidades y energía es planificar y programar esos espacios para la paz y la recuperación. Puede parecerte tonto si no lo has considerado antes, o si no has reconocido sus habilidades empáticas hasta ahora, sin embargo, la planificación y la programación del espacio y el tiempo para la reflexión y el rejuvenecimiento te ayudarán a tener una vida más saludable y significativa.

Ahora, sabiendo lo desafiante y difícil que resulta ser empático cuando no cuidas tu energía, puedes ver lo valioso e importante que es realmente pasar tiempo solo y ofrecerte tiempo de calidad para descansar y recupera tu energía. Las posibilidades de tomar este tiempo son infinitas y la siguiente lista es un ejemplo de las formas en que un empático podría disfrutar al planificar el tiempo de reflexión y rejuvenecimiento.

- Meditación tranquila: encontrar un lugar tranquilo donde no te molesten, dedicando una hora o más a reflexionar a través de la práctica de la meditación.

- Definir horas: elige unas horas en la mañana o en la noche en las que no contestarás correos electrónicos o llamadas telefónicas

- Día de spa: si no deseas ir a un spa que estará lleno de otras personas, puedes disfrutar de un día de spa en casa con productos especiales que disfrutes y mucho tiempo para sentirte exclusivo y relajado.

- Caminar por la naturaleza: pasar tiempo en la naturaleza es bueno para el alma. Te brinda tiempo para reflexionar y conectarte en silencio con la energía de la Tierra, que naturalmente rejuvenece tu energía.

- Recibir Reiki, Acupuntura, Masajes u otros tratamientos corporales: tomarse el tiempo para programar servicios de relajación y curación es una excelente manera de refrescar y reequilibrar su energía. El contacto físico relajante también es importante para un empático, que puede necesitar limitar algo de su tiempo con otras personas. Estar con un terapeuta de sanación que te ofrece sus servicios a través de una variedad de formatos es experiencia tranquila, pacífica y suave que te ayudará a alinearte plenamente con tu energía clara y limpia.

- Pasar tiempo en tu apartamento u hogar sin tecnología: sorprendentemente, esto es realmente difícil para las personas, pero Internet y el uso excesivo de la tecnología pueden tener un fuerte impacto en tu energía en general. En ese momento, puede parecer algo bueno revisar redes sociales y mirar la vida de todos. En el caso de los empáticos, se están desplazando a través de una gran cantidad de energía que no necesitan recoger ni llevar consigo. Tomarse un tiempo lejos de la tecnología puede tener un gran beneficio, especialmente en esos momentos en que necesitas relajarte y rejuvenecer. Date unas horas sin teléfono celular ni internet para simplemente "ser".

- Programa un viaje rápido o una escapada a un lugar remoto: busca lugares que te hagan sentir enraizado y completo los cuales puedes visitar para tomar tiempo y espacio para la reflexión. Puedes preferir las montañas o el desierto; Es posible que conozcas un excelente campamento o un tranquilo retiro de spa que puedes visitar. Aparta un espacio y tiempo en el calendario para ir a los lugares te ayuden a concentrarte en tu necesidad de reponer y restaurar tu energía, esto le dará más sentido a la experiencia y más respeto a la necesidad de tener estos momentos para ti mismo. Puedes disfrutarlo con un compañero, o solo, pero de cualquier manera, pasar tiempo en unas vacaciones orientadas a la reflexión es una manera perfecta de refrescarse.

- Asiste a un taller o retiro de meditación: ir a un retiro de meditación puede ponerte en contacto más profundo con tus necesidades y deseos. Muchas de las personas que asisten a estos retiros buscan calma y experiencias reflexivas y tranquilas, así que no tendrás que preocuparte por compartir tu experiencia con otros. Tener un algo de comunidad durante tu tiempo de reflexión tranquila puede sentirse como un apoyo y energéticamente puro y ligero. Muchos retiros ofrecen alojamiento y pueden ayudar a conectarte más estrechamente con tu yo superior y trabajar como empático.

Esta lista es una forma de comenzar a encontrar formas creativas de darte espacio y tiempo. Puede que le gusten todas o ninguna de estas opciones y depende de ti encontrar la forma en que prefieres pasar tiempo en tu propio mundo de energía con tus propios pensamientos y experiencias reflexivas. Tener estos momentos a diario puede ser muy beneficioso porque a medida que reflexionas y tomas espacio para abrirte y despertar algo dentro de ti, puede que debas tomar nota en el papel de muchas cosas, como una forma de liberar esos pensamientos, ideas y los recuerdos de tu energía.

Juega con cómo te gusta pasar tu tiempo relajándote y refrescándote. Intenta abrir tu mundo de empatía con ideas que resuenen más profundamente con tus verdaderos deseos y expectativas. ¡Acepta que necesita disfrutar de estos tiempos de manera pacífica y sin distorsiones de los demás y tómalo en cuenta! Mereces disfrutar el espacio y el tiempo para la reflexión y el rejuvenecimiento.

Las relaciones y los empáticos

Una de las realidades más importantes para cualquier persona es la relación que tiene con alguien o un grupo. La gente necesita la gente y todos buscamos amor, compañerismo, conexión y camaradería. La vida de un empático es de gran sensibilidad y apertura energética y requiere mucha protección y conexión a tierra, pero eso no significa que no pueda prosperar o tener relaciones increíblemente saludables y enriquecedoras.

Varias personas pueden ser advertidas contra ciertos tipos de relaciones o personas debido a lo tóxicos o desafiantes que resultan. Para un empático, eso puede ser cierto para cualquier relación si no está protegiendo y reponiendo adecuadamente su energía. A menudo, los empáticos se involucraran con personas necesitadas, que buscan atención y que desean una pareja que pueda satisfacer más sus necesidades internas. Para cualquier persona, es imposible ofrecer lo que no pueden verdaderamente darse a sí mismos en forma de amor propio, y en el caso de un empático, ciertamente trabajará sin descanso para ayudar a otro a sentirse verdaderamente deseado y apreciado, incluso cuando esa persona no se sienta así consigo mismo.

Las relaciones personales son lugares increíbles para aprender más acerca de las cualidades de tu don y cómo fortalecerlo. Todas nuestras relaciones nos ayudan a crecer y alcanzar un sentido más profundo de conocimiento personal de nosotros mismos. Los empáticos trabajan duro para ayudar y sanar a los demás, por lo que puede ser un desafío encontrar el equilibrio correcto entre el amor y los límites.

Aquí hay algunos problemas comunes que pueden surgir para un empático en una relación romántica:

- *Codependencia:* por lo general, el empático es la parte que brinda el mayor apoyo a la otra persona, lo que lleva a un desequilibrio significativo y una excesiva dependencia emocional y psicológica del empático. Esto puede ser muy tóxico energéticamente para ti y puede hacerte sentir agotado sin comprender realmente por qué. Comúnmente la codependencia puede involucrar el que la pareja tenga una adicción a algo o que tenga una afección o enfermedad que requiera atención adicional de alguien. Un narcisista y un empático a menudo también se involucrarán en comportamientos codependientes.

- *Renunciar al control*: los empáticos siempre están trabajando hacia la paz y la armonía , por lo que, en muchas relaciones, pueden ser el "colchón" para que la otra persona pueda salirse con la suya y tomar todas las decisiones importantes, incluso cuando no sean una buena opción , solo para mantener la paz.

- *Pérdida de sí mismo:* los empáticos quieren ayudar a su pareja a sentirse especial e importante y tener todo el éxito que desean y merecen. Los empáticos trabajarán incansablemente para apoyar los sueños y las pasiones de su pareja a expensas de los suyos, perdiendo su propio propósito y verdad en ello. Esto puede hacer que tengas muy poca energía y que como empático, comiences a sentir que mereces ser menos que la persona que amas.

- Estas pueden ser situaciones en las que se cae con facilidad y nunca se sienten así cuando te enamoras de alguien por primera vez. Con el tiempo, a medida que te conectas más, este tipo de dinámicas en las relaciones pueden comenzar a manifestarse y depende de ti y tu pareja responder a ellas y encontrar una solución.

El romance es una gran parte de ser humano, y como empático, siempre te atraen ciertos tipos de energía que te hacen sentir bien. Cuando se sienten mal o te hacen sentir incómodo, es poco probable que te comprometas con esa persona. Cuando conoces a alguien y las chispas vuelan, tienes la oportunidad de sentir la energía del amor y la conexión que te ayuda a sentir una fuerte compatibilidad con otro y trabajas para mantener ese sentimiento todo el tiempo que puedas.

Poco a poco, con el tiempo, las cosas cambian; las personas crecen y cambian, o comienzas a ver sus verdaderos colores una vez que se sienten lo suficientemente cómodos como para mostrarlos. Todos tenemos algo que no queremos mostrar en la primera, segunda o incluso la cita número 100 con alguien, pero siempre está ahí y no se puede ocultar a un empático. Siempre sentirás si algo está un poco desviado o sesgado, y cuando trabajes con tu pareja para determinar la causa energética, puede ponerse a la defensiva y distante.

Los empáticos pueden tener unos momentos desafiantes en las relaciones debido a estos factores. Ser capaz de "ver" y sentir la energía de otra persona puede ser una experiencia difícil para ti porque es posible que su pareja no quiera hablar contigo sobre lo su vulnerabilidad. Como puedes percibir y sentir su vulnerabilidad o cualquier otra emoción todo el tiempo, siempre querrás exponerlo y resolverlo. Esto lleva a un avance y retroceso constante entre los empáticos y su pareja mientras reflexionan románticamente sobre cómo resolver.

Como empático, puedes aprender de tus relaciones románticas a procesar tus propios sentimientos contigo mismo y proteger tu propia energía para que puedas manejar estos momentos, permanecer firme y seguro en tu propia energía sin asumir la energía o el estado emocional de tu pareja. Aun puedes ser amoroso y compasivo con alguien sin realmente "sentir" su dolor, pero para los empáticos, es un verdadero desafío y requiere esfuerzo y disciplina personal.

Los lazos de amor son fuertes, y si al leer este libro descubres que eres empático, puedes estar cuestionando la dinámica de tu relación en este momento y si te encuentras o no en una buena situación. Está bien hacerse estas preguntas también dejar ir un vínculo de amor que no es saludable para tu calidad de vida.

Pasar tiempo con otras personas que tienen una comprensión y un carácter tranquilo, o que están dispuestos a crecer, reflejar y aprender de tu experiencia emocional puede ser un soplo de aire fresco a un empático. Es posible que no desees estar con alguien que sea como tú y que tenga su propio conjunto de desafíos únicos. Para los empáticos, trabajar en sus relaciones significa conciciar y comprender sus sentimientos y que los sentimientos de cualquier persona, especialmente sus parejas románticas, lo afectan fácilmente.

Tendrás que aprender que el blindaje, el equilibrio, la puesta a tierra y la limpieza son una parte necesaria de tus romances y que tendrás que encontrar una manera de darle soporte a tu experiencia de amor a la vez que te apoyas realmente a ti mismo.

Hay otras relaciones que tienen desafíos únicos para los empáticos, y son familiares, platónicas y profesionales. Echa un vistazo a la lista a continuación para ver cómo algunas de estas relaciones pueden afectar a los empáticos.

Familia
- Dinámicas familiares que obligan a un empático a jugar un cierto papel para hacer felices a los demás antes de su propia felicidad.

- Obligaciones con los padres para proteger sus sentimientos, incluso cuando están dificultando que te expreses y expreses tu verdadera energía.

- Negación de los padres o cuidadores de que eres un empático sugiriendo que eres demasiado sensible o que tienes una afección o trastorno de salud mental que requeriría terapia o tratamiento especial.

- Trauma infantil como resultado de recolectar y absorber la energía, el dolor o el sufrimiento de toda tu familia

- Sensibilidad a todas las necesidades de tus propios hijos que puede ser muy beneficiosa para ellos y para ti como padre.

Amigos
- Relaciones desequilibradas con amigos cuando tú eres el que siempre escucha y ellos son los que siempre hablan

- Dificultad para conectarse o relacionarse con cualquier persona en tu grupo de amigos que no entienda tu sensibilidad, causando conflictos cuando tienes ciertas necesidades o requerimientos.

- Amistades dramáticas que resultan en actitudes y personalidades enfrentadas cuando no quieres renunciar a tus límites o necesitas tu propio espacio y tiempo

- Potenciar las relaciones que te ayudan a mantener el espacio para las necesidades de un amigo en todo momento debido a tu capacidad de responder bien a su energía.

Compañeros de trabajo
- Preocupaciones por ser competitivo con tus colegas o dejar que otros avancen en sus posiciones, porque son más agresivos con respecto a ser promovidos, o porque no quieres que se sientan infelices

- Ser excluido o rechazado porque te gusta pasar tiempo tranquilo solo después del trabajo o en los descansos, por lo tanto, sentirse excluido por el grupo

- Paciencia y comprensión con las personas en la oficina mientras trabajan.

- Habilidades de gestión efectivas debido a la capacidad de ver lo que las personas necesitan o sentir cómo se sienten respecto al trabajo.

Ciertamente, estas no son todas las formas en que este tipo de relaciones pueden manifestarse, pero la lista muestra algunos conceptos para presentar ideas aplicables a cualquiera, pero específicamente son relevantes para un empático.

Las relaciones dramáticas que se desarrollan en la infancia y en la edad adulta varían ampliamente y se mezclan con el amor, la felicidad y la alegría de ser una familia. Si eres una persona que adquiere habilidades empáticas a una edad temprana, es posible que la infancia te resulte muy difícil. Tus padres pueden verte como demasiado sensible y no saber por qué o cómo responder a estas cuestiones. Puedes ser diagnosticado erróneamente con un trastorno conductual o emocional y ser un empático no pertenece a ninguna de esas categorías.

En la infancia, también puedes elegir inconscientemente desempeñar un cierto papel para su familia, generalmente como "pacificador" o "hacedor" para ayudar a establecer una dinámica familiar equilibrada, alejándote de tu verdadera energía y ser, forzando una identidad que mantendrás en tu vida adulta.

También puedes descubrir que, como adulto y padre, tus relaciones familiares prosperan debido a lo fácil que resulta determinar qué necesita o siente su hijo y cómo puede nutrirlo. La mejor manera de aprovechar esa experiencia para proteger, afianzar y proteger continuamente su energía para que no se agote después de un día de berrinches infantiles y rodillas desolladas.

La amistad puede ser difícil si no has aprendido cómo protegerte y proteger tu energía. Algunas de tus amistades pueden ser más tóxicas de lo que crees y, a medida que te das espacio para encontrar conciencia como un empático, puedes notar que algunas de tus amistades no son buenas para ti y en realidad te están causando dolor o drama.

Al igual que con todos los empáticos, cualquier relación puede tener sus problemas y así como en un romance, las amistades también pueden experimentar la codependencia, aferrándose a tu capacidad de brindar un hombro para llorar o un oído para escuchar. Es fácil confiar en los empáticos, y para un amigo que lleva una vida de drama, los empáticos serían sus mejores amigos porque siempre permitirán su drama y lo escucharán con el corazón y la mente abiertos. Para los empáticos, esta es una relación increíblemente exigente y desequilibrada que necesita mejores límites y bases.

Otras situaciones con amigos pueden ser increíblemente gratificantes, especialmente porque puedes ofrecer un buen consejo y una comprensión profunda de lo que alguien está pasando o celebrando. Mientras la conexión sea equilibrada y recibas tanto amor y cuidado como el que das, la amistad será gratificante para los empáticos y también puede ser gratificante para el amigo a quien escuchas con igual fervor y disposición.

Para muchas personas, no solo para empáticos, la oficina es un paisaje lleno de pequeños volcanes de drama que pueden estallar semanalmente e incluso diariamente. Hay una variedad de personalidades, expectativas, objetivos, demandas y plazos que crean una realidad intensamente dinámica. Las relaciones de trabajo son preferiblemente profesionales, pero a veces, van más allá de esas paredes.

Cualquiera que tenga un trabajo con compañeros de trabajo sabe que puede ser un desafío como grupo o en una dinámica individual porque todos tienen sus propias metas profesionales y personales que desean lograr. Un empático será muy atento a las energías, pensamientos y expresiones de sus compañeros a lo largo del día de trabajo y puede sentir que necesita cambiar su propia energía o decisiones relacionadas con el trabajo con el fin de dar cabida a otros colegas, jefes, o todo el equipo.

Por otro lado, los empáticos son excelentes gerentes porque pueden ver las necesidades del equipo o de un individuo desde un punto de vista diferente y trabajar para comprender un poco mejor todas las situaciones. Puede ser muy exigente y desafiante para un empático administrar múltiples personalidades todo el día, toda la semana, y puede requerir un nivel adicional de conexión a tierra y limpieza al comienzo y al final del día, sin embargo, puede ser muy gratificante trabajar estrechamente con personas en sus relaciones laborales para ayudar a todos a prosperar, siempre y cuando ya esté trabajando sus propias ambiciones profesionales.

La idea principal de todo esto es que las relaciones, ya sean románticas, familiares, platónicas o profesionales, son una parte importante de nuestras experiencias de vida. Los empáticos sienten todas estas relaciones de una manera diferente. A medida que decidas cómo ayudarte a crecer como empático, deberás observar de cerca todas tus relaciones cercanas y determinar qué energía estás experimentando dentro de ellas

Algunas de sus relaciones pueden sentirse equilibradas y saludables, mientras que otras pueden comenzar a sentirse más tóxicas y desequilibradas energéticamente. El uso de las herramientas y directrices de este libro para ayuda a conectarte, y despejar tu energía te ayudará a trabajar dentro de la dinámica de su relación de una manera más saludable. Comenzarás a notar un cambio en tu propia energía y puedes buscar mejorar ciertas relaciones mientras dejas otras de lado.

Cuando estés listo para vivir tu vida abrazando tu regalo, comprenderás que la mejor manera de prosperar como empático es a través de la conciencia de lo que significa vivir con esta habilidad y lo que tendrás que hacer para mantenerte equilibrado, con tu propia energía elevada, libre de la energía de otras personas, y libre de ser tú mismo en cualquier relación que estés explorando.

Capítulo 7: Cómo evitar el agotamiento empático

Tomarse el tiempo para practicar los límites saludables, la conexión a tierra, las técnicas de limpieza y los distintos tipos de meditación son una oportunidad para tener un mejor balance en tu energía mientras vives como empático. Hay varias maneras de conectarte contigo mismo y ayudarle a alinear tu propio conocimiento interno y limpiar tu existencia energética, pero para algunos esto puede parecer imposible.

Si estás llevando una vida como empático que constantemente te pone en la situación de recoger y absorber la energía no deseada, puedes encontrarte en consecuencia en un estado de un agotamiento empático, exhausto, abrumado e incapaz de reconectarte y estabilizarte.

Preguntándote lo que significa las personas y las experiencias en tu vida, es una manera de empezar a prepararte para evitar o prevenir las mencionadas situaciones y en este capítulo te daremos más detalles para ayudarte a alcanzar y mantener un equilibrio energético saludable.

Pautas para mantener el equilibrio y la estabilidad

Como resumen de este libro, las siguientes pautas son una referencia rápida y un recurso para mantenerte equilibrado y estable mientras trabajas y vives como empático:

1. Practica la autoconciencia y la atención plena a diario.

2. Crea tiempo para meditaciones.

3. Elimina la energía no deseada tantas veces como sea necesario con herramientas de curación espiritual.

4. Practica técnicas de conexión a tierra diariamente.

5. Ofrece una comunicación clara y establece los límites necesarios con las personas y las experiencias en tu vida.

6. Programa tiempo a solas contigo mismo.

7. Practica la auto reflexión para identificar problemas y dificultades en tus emociones o energía.

8. Sigue una rutina para ayudar a mantenerte protegido y equilibrado, incluido el uso de herramientas de curación espiritual, meditaciones y diversas terapias para promover la estabilidad.

9. Protégete y conéctate a tierra con la regla general de *Antes y Después*.

10. Limita el tiempo con personas o grupos que causen un gran cambio en tu energía y sentimientos.

11. Se práctico con tu energía y con lo que piensas hacer; conoce la situación antes de entrar en ella para protegerte mejor.

12. Valora tu don como empático para que no dudes de tus habilidades ante la falta de respeto de los demás.

13. Busca relaciones y alianzas saludables en lugar de forzarlas ya que esto causa dificultad emocional y falta de autonomía energética.

14. Toma tiempo para despejar y limpiar tu hogar y tu cuerpo con incienso, palillos de mancha y buenas intenciones energéticas.

15. Crea conciencia para ti y para los demás sobre lo que necesitas, en lugar de solo atender las necesidades de los demás.

Deja que estas pautas te sirvan para refrescarte y mantener el equilibrio y la estabilidad. Es posible que no necesites usar todo esto frecuentemente, y algunas puedes usarlas todos los días; son excelentes maneras de apoyar tu viaje y mantenerte alineado con tus necesidades.

Aplicaciones para ayudarte en momentos de estrés o agotamiento

En esta sección, encontrarás algunos pasos sencillos para aplicar a situaciones que sientas agotan tu energía o te estresan. Practícalas para ayudarte a lograr una mayor estabilidad y disfrute de los resultados de sentirse conectado incluso en los momentos más estresantes.

Meditación de afirmación

Cierra tus ojos. Inhala y exhala profundamente. Lleva tu atención a tus pies. Siente una luz brillante y dorada que viene del piso a través de tus pies. Deja que la luz llene todo tu cuerpo mientras inhalas y exhalas profundamente.

En tu cabeza o en voz alta, entona las siguientes afirmaciones:

- Me siento cómodo en mi energía, y estoy conectado a tierra.

- La luz dorada dentro de mí repele la energía negativa y me protege.

- Puedo apreciar la energía a mí alrededor y no absorberla en mí.

- Estoy alineado solo con mi propia energía.

- Tengo el poder de rechazar la energía de otra persona.

- Estoy abierto a otras personas y protegido por mi luz dorada interior.

NOTA: Puedes cambiar el color de la luz si hay otro con el que te identifiques. También puedes hacer esta meditación de afirmación con los ojos abiertos, apreciando y visualizando claramente la luz mientras respiras e imaginas que fluye a través de ti. Esto puede ser útil en una fiesta de la oficina o en una conferencia. Considéralo como una buena herramienta para tu caja de herramientas y sácala cada vez que sientas la necesidad de armonía y equilibrio energético.

Baño ritual para momentos de estrés y agotamiento

1. Encuentra un momento en el que no te molesten los demás. Pon tu celular en silencio.

2. Prepara un baño caliente y agrega sal de Epsom.

3. Enciende velas para llevar la energía limpiadora del fuego al baño.

4. Antes de entrar en el baño, utiliza tu palillo de mancha(salvia u otra hierba) para esparcir el humo alrededor de tu cuerpo, limpiando tus auras

5. Métete en la bañera y acuéstate cómodamente, sumergiendo la mayor parte de tu cuerpo como puedas.

6. Mantente allí durante al menos 20 minutos y hasta 1 hora.

7. Utiliza la visualización creativa para imaginarte la energía no deseada que se limpia de ti. Obsérvate a ti mismo

alejándote de cualquier cosa que sientas que te atrapa y déjala caer en el agua.

8. Sal del baño y limpia de nuevo tus auras

9. Sécate y acuéstate en tu cama.

10. Medita durante 15 minutos e imagina tus chakras girando en el sentido de las agujas del reloj, estando limpios y abiertos.

Paseo por la naturaleza

Encuentre un paisaje sereno y aislado por el que puedas caminar tranquila y silenciosamente; Puede ser un parque en su vecindario, o puede que tengas que conducir un poco para encontrar una reserva natural o un bosque. Asegúrate de llevar un poco de agua para tomar y un refrigerio de tu elección.

Camina por el entorno natural y disfruta de la energía del paisaje que te rodea. No busques tu teléfono para tomar fotos o enviar mensajes de texto a su familia del lugar donde te encuentras; solo aprecia la energía del bosque, los árboles, el río, los animales.

Disfruta de la tranquilidad y el consuelo en la naturaleza por tan poco como una hora o más. Date espacio para disfrutar de un área donde no hay mucha gente. Trata de encontrar un lugar con una caída de agua, como un río o cascada. Disfruta los sonidos del agua que fluye.

Medita en tu energía y siente el agua, los árboles, o cualquier otro paisaje que elijas, lavando y eliminando tus preocupaciones. Deja que la Tierra sepa que te sientes estresado y que pídele que tome esta energía de ti y se la lleve. Deja que la naturaleza tome tu estrés y agotamiento y lo transforme en nueva energía para ser absorbida por el paisaje.

Practica caminar y hablar en la naturaleza tan a menudo como cada semana si eres propenso al estrés y al agotamiento.

Puedes usar estas aplicaciones en cualquier momento que lo consideres necesario. Crea conciencia e involúcrate más con tu energía y tus propias necesidades a la hora de refrescarte. Cuanto más aplicas estas meditaciones, afirmaciones y otras herramientas de sanación espiritual, menos te sentirás débil y agotado y transformarás esta energía para que sea absorbida en el paisaje.

¡Sé creativo y juega! Hay tantas maneras de cuidarse bien a ti mismo y tu energía y estas aplicaciones y pautas son solo el comienzo de cómo puedes vivir bien y felizmente como un empático.

Conclusión

Ser empático es una manera de percibir, ver y sentir más del mundo que te rodea. Puede ser incómodo para ti si no sabes cómo usar tu regalo o a llevarlo correctamente. Depende de ti cómo respondas a ese llamado y puedes decidir las mejores maneras de explorar tu poderoso don como alguien abierto a más de lo que parece.

En este libro, has descubierto lo que es un empático y lo que se siente ser alguien con estas cualidades. Se ha demostrado que muchos de los problemas comunes y realidades de un empático que no están en una energía sana y equilibrio y que necesitan para pasar más tiempo cuidando de tu energía, tanto o más de lo que se preocupan por los demás. Has descubierto los dones de ser un empático y también el tipo de trabajo de curación que puedes hacer con tu don.

Echando un vistazo a todas tus habilidades, ahora puedes utilizar los capítulos que describen cómo guardar, proteger, equilibrar, conectarte a tierra y despejar tu energía. Existen varias técnicas para ti en este libro que te ayudarán a lograr la armonía contigo mismo mientras mantienes la armonía con los demás.

Tómate el tiempo para despejar tu energía utilizando las herramientas de sanación espirituales, meditaciones, afirmaciones, aplicaciones y directrices de este libro. ¡Ábrete al poder de tus dones y habilidades cuidando bien tu energía y encontrando la libertad de vivir una vida feliz y plena como un empático! Estás en el camino correcto, y tu viaje hacia el descubrimiento continúa ahora con cada paso que das.

Finalmente, si encuentra este libro útil de alguna manera, ¡siempre se agradece una crítica honesta!

www.ingramcontent.com/pod-product-compliance
Lightning Source LLC
Chambersburg PA
CBHW030914080526
44589CB00010B/297